21세기 의식혁명의 書
감정와해기법

감정와해기법

초판 1쇄 발행 2022년 6월 20일
2쇄 발행 2022년 7월 18일

지은이 현진스님 (김흥대 원장)
펴낸이 장현수
펴낸곳 메이킹북스
출판등록 제 2019-000010호

디자인 이설
편집 이설
교정 안지은
마케팅 장윤정

주소 서울특별시 구로구 경인로 661, 핀포인트타워 912-914호
전화 02-2135-5086
팩스 02-2135-5087
이메일 making_books@naver.com
홈페이지 www.makingbooks.co.kr

ISBN 979-11-6791-170-4(03100)
값 14,800원

ⓒ 현진스님 (김흥대 원장) 2022 Printed in Korea

잘못된 책은 구입하신 곳에서 바꾸어 드립니다.
이 책의 전부 또는 일부 내용을 재사용하려면 사전에 저작권자와 펴낸곳의 동의를 받아야 합니다.

홈페이지 바로가기

메이킹북스는 저자님의 소중한 투고 원고를 기다립니다.
출간에 대한 관심이 있으신 분은 making_books@naver.com로 보내 주세요.

21세기 의식혁명의 書 !!!

WHO AM I ?

감정 와해 기법

현진스님 김홍대 원장 지음

트라우마 · PTSD · 공황장애 · 불안 · 우울 · 조울 · 스트레스 · 화병 · 불면

감정중독 해방에서 깨달음의 세계까지...

메이킹북스

추천의 글

문제없는 인생이 어디 있으며 아프지 않은 사람이 어디 있을까요? 학생들은 중간고사, 기말고사를 통해 시험 문제를 푸는데 우리는 삶 속에서 발생하는 수많은 문제를 어디서 어떻게 풀어야 할까요?

문제가 풀려야 자유롭고 안락하고 행복한 삶을 살 수 있습니다.
오랫동안 이 문제를 풀고자 노력해오신 현진 스님께서 이번에 멋진 책을 내셨습니다. 참으로 귀한 책입니다.
우리가 겪고 있는 온갖 정신적, 심리적 괴로움을 분석하고 그 원인을 파악해서 빠른 시간 안에 벗어나는 방법을 아주 친절하게 도식화, 공식화시켜 놨습니다.

부처님의 근본 가르침인 사성제 즉 고. 집. 멸. 도에 의거한 『감정 와해 기법』은 현진 스님께서 본인이 겪은 괴로움은 물론 수많은 내담자의 상담과 임상을 통해 얻은 결정체라고 해야겠습니다.

고통의 원인을 보고 고통에서 벗어나는 길을 제시하신 이 책을 한번 읽어 보는 것만도 저절로 "아하! 아하!"가 절로 나올 겁니다.
그동안 몰랐던 내 마음을 내가 알게 되는 순간에 나오는 깨달음이겠죠.

이론의 책이 아니라 실제 경험을 통한 실험 보고서 같은 내용입니다.

오늘의 나는 내가 아닙니다. 서로 얽히고설켜 있는 종합 세트가 바로 '나'란 얘기입니다.

나를 작은 우주라 하는 이유죠!

저자인 현진 스님은 젊은 나이에 정신세계에 관심이 많아 이곳저곳에서 많은 수행에 참여했었고, 마지막엔 출가 수행자의 길을 걷고 있지요.

마치, 부처님처럼 6년의 고행 끝에 보드가야 보리수 아래에서 깨달음을 얻으신 것처럼,

현진 스님은 책에서 문제를 해결하고자 한다면, 반드시 원인을 알아야 한다고 말씀하십니다.

참으로 지당하신 말씀입니다. 정말 그렇습니다.

많은 사람은 결과만을 바꾸려고 기도도 하고 신행 활동도 합니다. 그러나 원인이 바뀌지 않는 한 결과는 결코, 바뀌지 않습니다.

괴로우신 분과 원인을 알 수 없는 정신적. 심리적으로 힘드신 분들은 꼭 이 책을 통해 힘듦에서 벗어나기를 바랍니다.

또한, 괴로움의 원인을 짓지 마시기를 바랍니다.

지금 이 순간 말과 행동과 생각으로 행복의 씨앗을 심는 독자들이 되시기를 바랍니다.

현진 스님께서 평생 정신건강 개발에 골두하신 경험으로 쓰신 이

책에서 해답을 찾으셔서 행복하시기 바랍니다.

현진 스님 수고하셨습니다.
사랑합니다.

2022년 4월 10일
안성 굴암사 안성맞춤 치유센터에서
자비 명상 마가 두 손 모음

추천의 글

현진 스님(김홍대 원장) 『감정와해기법』 출간을 의료인의 입장에서 진심으로 축하드립니다.

본 저서에는 국가와 인종, 사상, 종교를 막론하고 고도로 발달된 문화 속에서 현대를 살아가는 모든 인간들에게 공통적으로 발생할 수 있으며, 건강상 가장 큰 문제를 유발할 뿐만 아니라 삶의 질을 떨어뜨리고 예방과 치유가 어려운 정신 질환들(트라우마, PTSD, 공황장애, 불안, 우울, 조울, 스트레스, 화병 등)의 모든 고통과 괴로움의 근원 원인이 되는 마음이 곧 감정이라는 것이 기술되어 있습니다.

그리고 감정의 생성 원리와 감정이 야기하는 여러 가지 마음 현상(난치성 정신 질환)들과 그 감정으로부터 벗어나는 해법들을 조언합니다. 불가에 전해오는 내용들이 '감정와해기법'으로 재탄생되어 최신 현대 의학을 접목하여 추상적이 아닌 강력한 의식 기법으로 질환의 호전을 확신할 수 있도록 훌륭하고 확실한 내용으로 기술되어 있습니다.

특히, 현진 스님은 트라우마 등의 각종 난치성 정신 질환(트라우마, PTSD, 공황장애 등)들에 대한 정확한 원인 분석 및 설명과 해법을 전통 치유 요법과 대체 의학 및 최신 현대 의학을 총망라하여 누구나 이해하기 쉬운 언어로 확실한 치유와 예방이 가능하도록 이 책을 집필하셨습니다. 현재 정신 질환으로 고통 받는 분들은 물론 일반인들에게도 각종 정신·심리 질환의 치유와 예방을 위해 본 저서 『감정와해기법』을 강력 추천하는 바입니다.

현재 지구촌 전체 모든 인류의 공통된 이슈는 '코로나 19와 면역입니다. 만물의 영장인 인간들이 저 스스로는 증식도 할 수 없는 불완전한 생명체인 보잘것없는 바이러스인 코로나19에게 지구를 점령당하여 전 세계 모든 인류의 일상을 송두리째 빼앗기고 고통 속에서 힘겹고 답답한 생활을 3년째 계속하고 있으며 엄청난 경제적 손실과 수많은 인적 희생의 대가로 이제야 겨우 팬데믹에서 엔데믹으로 전환하는 초기 단계에 진입하고 있는 실정입니다.

코로나19 팬데믹으로 인해 장기적인 활동 제한으로 '코로나 블루(코로나 19로 인한 우울증)'라는 새로운 병명으로 고통을 받는 많은 사람을 비롯하여 각종 정신적 문제의 치유를 위해 병원의 정신건강의학과를 찾는 분들과 물질문명 속에서 정신적 문제로 고통받는 모든 분들에게 본 저서가 도움이 되어 무병장수로 늘 건강과 행복과 만복이 함께 하시기를 기원합니다.

2022년 4월 10일
일본 국립 시마네 대학교 의과대학(의학박사)
전) 서울대학교 의과대학 부속병원 내과 학교장
현) 한국혈관관리협회 회장 / 의학박사 **권혁한**

목차

서문   14

| 1장 | 계기 | 21 |

| 2장 | 지구촌 이슈 | 31 |

| 3장 | 마음 사용 설명서 | 37 |

    1 문제 제기   39
    2 마음의 정의   44
    3 마음의 형성 과정   47
    4 마음의 발달   56

4장 | 감정　　　　　　　　　61

1. 생존 전략　　　　　　　63
2. 사람과 天地의 특성　　　65
3. 감정의 생성　　　　　　69
4. 관점(점유와 공유)　　　 71
5. 야누스(감정의 두 얼굴)　74
6. 계륵　　　　　　　　　 76
7. 중용(中庸)에서의 감정　78
8. 생각　　　　　　　　　 80
9. 상상력　　　　　　　　 82

5장 | 괴로움의 시작　　　　　85

1. 괴로움의 시작　　　　　87
2. 시공간의 동시성　　　　92
3. 중첩　　　　　　　　　 94
4. 시간의 생성　　　　　　97
5. 차원의 결정　　　　　　99

6장 심신쌍수(心身雙修) — 103

1. 심신쌍수(心身雙修) — 105
2. 맑은 마음 — 106
3. 건강한 몸 — 109
4. 심독(心毒)의 해독(解毒) — 114
5. 수면 — 118
6. 명상 — 123

7장 시공간의 좌표 — 131

1. 시공간의 좌표와 주기 — 133
2. 첫서리의 징조 — 136
3. 된서리(청소부의 출현) — 138
4. 피난 — 142
5. 진화의 요구 — 145

8장 감정와해기법 — 147

1. 문제 제기와 해결책 — 149
2. 감정와해기법이란? — 154
3. 감정와해기법의 특징 — 163
4. 완전한 자유 — 166
5. 모티브 — 170
6. 일상선(禪)의 완성 — 173

9장 │ 천명(天命), 솔성(率性), 수도(修道)   175

1. 판도라의 상자   177
2. 선(善)과 악(惡)   182
3. 공부의 오류   184
4. 깨달음   187
5. 깨달음은 당연함으로 가는 길   191
6. 씨줄과 날줄 그리고 내려놓음   194
7. 사명감을 버려라   198

10장 │ 교육 후기   201

1. 스트레스 회복   203
2. 트라우마, PTSD의 회복   205
3. 공황장애와 불안 회복   210
4. 환청과 환각 회복   214
5. 우울과 조울증의 회복   215

11장 │ 수련 후기 (9편)   217

책을 마무리하며   256

서문

　이 글을 쓰기 전까지 오랜 시간 많은 생각과 고민을 하였다. 처음 글을 쓰다 보니 필자가 전달하고자 하는 내용을 글로 담아낼 수 있을까 하는 염려도 되었다.
　또한 승려라는 한계를 넘어 모든 사람과 타 종교인들에게도 필자가 전달하고자 하는 내용을 어떻게 벽 없이 전달할 수 있을까 고뇌했다.
　모든 사람은 각자의 방식으로 괴로움 없이 안전하게 살기 위해서 신앙을 갖기도 하고 경제 활동을 하거나 다양한 사회 활동을 한다.
　이러한 활동으로 많은 부분 발전을 하고 괴로움의 해소와 안전을 획득하였지만, 정신적 괴로움의 근원적인 문제는 해결하지는 못하였다.

　결국, 삶의 환경도 문제지만 괴로움을 느끼는 주체인 마음에 대해 너무나 모르면서 문명의 이기로만 괴로움과 안전한 생존을 해결하려고 하는 것이 더욱 큰 문제이다.
　물론 괄목할 만한 최첨단 과학 문명의 발전과 더불어 이기(利器)를 누리고 많은 부분의 어려운 문제를 해결해 왔다.
　이제는 문명의 이기에 더해서 미지의 인간 내면에 문제를 제기하고 근원적인 해결 방법을 모색해야 할 시기가 되었다.

인간의 공통점은 어떠한 사상을 가져도, 어떠한 종교를 신앙하여도, 남녀노소, 국가와 인종을 떠나 모든 사람은 행불행(幸不幸)을 결정짓는 마음이라는 공통분모가 있다는 것이다.

이제는 문명의 이기로 해결하지 못하는 부분과 거친 마음을 사용해서 파생되는 여러 가지 사회문제와 개인의 삶의 질이 떨어지는 문제 해결을 위한 근원적인 인간 존재에 대한 물음을 던져야 할 때가 되었다.

필자는 승려가 되기 위해 출가를 한 것은 아니다. 한 명의 마음 가진 구도자로서 승려라는 길을 방편으로 궁극의 괴로움에서 벗어나고 싶었다. '나의 존재의 의미는 무엇일까?'라는 작은 의구심에서 시작해, 도저히 일상의 삶을 살 수 없을 정도로 온통 의구심으로 가득 차서 구도의 길을 가게 된 것이다.

그렇게 시작된 수행 과정 중 어떠한 특별한 계기가 있어 괴로움에서 근본적으로 벗어나는 방법을 깨닫게 되었고, 나의 존재에 대한 의구심이 더 이상 일어나지 않게 되었다.

무엇보다 그 의문, 의심의 근원과 우리의 삶의 모든 괴로움의 원인이 같은 인간의 감정이라는 것을 알았을 때 모든 것이 아주 명료해졌다.

그리고 감정만을 콕 찍어서 처리한다면 인류가 지금까지 모든 괴로움의 근원적 소멸과 구도자들의 근원적인 물음에도 답(答)할 수 있다는 것을 깨달았다.

 세월이 흘러 이제 많은 사람과 공유하기 위해 알리고 싶었으나 작은 암자에 있는 필자의 능력으로는 안타깝게도 역부족이었다.

 주변에서 책을 써보라는 권유가 있었다.
 하지만, 글을 써보지 않았던 필자는 머뭇거릴 수밖에 없었다. 망설이던 가운데 지금 사회적으로나 경제적으로 너무나 많은 힘들고 두려운 현실이 펼쳐지고 있어 이 방법을 많은 사람이 공유하면 좋겠다는 생각을 하게 되었다.
 그래서 글을 쓰는 것을 더는 미뤄서 안 되겠다고 생각했다. 용기를 내어 비록 솜씨 없는 투박한 글이더라도, 필자가 전달하고자 하는 핵심 내용만 전달되면 된다는 마음으로 글을 쓰기로 결정하였다.

 필자가 서두에서도 이야기했듯, 이 책에서 모든 괴로움의 근본 원인이 되는 마음이 다름 아닌 감정이라는 것과 감정의 생성 원리, 그리고 감정이 빚어내는 여러 가지 마음 현상들에 대한 이해와 그 감정으로부터 궁극적으로 벗어나는 방법을 이야기하고자 한다.

 마음인 감정에서 벗어나는 방법은 마음을 다스리는 것이 아니었다. 감정 자체를 와해해 버리면 모든 정신적 괴로움(트라우마, 공황장애, 불안, 우울, 조울, 잡념)에서 벗어나게 되는 것이고, 한 발짝 더 나아가 일체 번뇌(煩惱)로부터도 자유롭게 되는 것이었다.

이 기법은 부처님의 삼매설법(三昧說法)을 모티브로 구현한 것이며 감정와해기법이라고 이름 지었다.

감정와해기법은 추상적이던 마음을 속속들이 밝혀내어 수학 공식처럼 도식화하여 여타 수행법들하고는 전혀 다른 결과를 도출해냄으로써 부처님께서 말씀하신 이고득락(離苦得樂)을 누구나 다 빵 공장에서 빵 찍어내듯이 현실에서 구현할 수 있는 아주 강력한 의식 기법이다.

그래서 글의 내용은 대체로 평이하고, 어떤 부분에서는 난해하면서 깊은 내용으로 구성되었지만, 일반적인 문구로 기술함으로써 누구나 무난히 읽을 수 있도록 하였다.

현재 코로나 팬데믹 상황으로 정신과를 찾는 분들이 큰 폭으로 증가하였다고 한다. 정신·심리적 문제는 약물 혹은 상담 치료로는 근본적인 치료에 분명 한계가 있다는 것은 치료를 경험했던 사람들이라면 모두가 인지하고 있는 사실일 것이다.

또한, 종교나 영적 지도자들이 제시하는 해법들도 거의 치유가 되지 않는 것이 사실이며 이 책임을 대부분 환자의 노력 부족 내지는 믿음 부족으로 몰고 가는 실정이다. 그리고 더욱 안타까운 것은 종교가 편향적이고 이념화되었다는 것이다. 종교로서의 순기능을 잃었다고 보아야 한다.

지금의 종교는 현실 구현이 가능한 실용성이 있어야 한다. 그래야만 지금 안고 있는 인류의 정신 심리적 문제들을 해결할 수 있다.

종교가 편향적이고 이념화되어 더 이상, 순기능으로서 역할을 못 한다면 이제는 종교는 그저 문화로 남아야 한다고 필자는 생각한다.

아니면, 순기능으로써 실용성이 실천되는 길을 모색하여 아직도 거의 불치의 영역으로 다루어지고 있는 정신적인 문제인 트라우마나 공황장애, 조울 등을 해결할 수 있는 해답을 제시해야만 할 것이다.

종교(宗敎)는 궁극의 가르침이다.
형이상학적이고 추상적인 이론과 옛 경서를 서당의 훈장님처럼 해석하여 풀어주는 것은 근원적인 괴로움을 벗어나게 해주지는 못한다,

그리고 종교의 전래 경위나 과정의 에피소드를 들려주는 것은 재미있고 종교를 이해하는 데 도움은 되지만, 괴로움을 벗어나는 것에는 큰 도움은 되지 않으며, 결국 종교 문화 해설사에 지나지 않게 된다.
정작 중요한 것은, 지금 직접적인 괴로움을 겪고 있는 사람에게 필요한 것은 저런 한가로운 이야기가 아니라 한시 빨리 불타는 괴로움으로부터, 벗어나는 것이 최우선이다. 이제는 이념화되어 있는 그 어느 종교에 속하지 않아도 되는 시기이다.

이제 개개인 스스로가 종교의 주체가 되어야 한다. 본인 스스로 삶의 주체와 주인공이 되어야 한다. 그래서 무엇이든 자신의 삶을 위해 종교든, 병원에서 치료 방법이든, 돈을 버는 방식이든, 영적 성장을 위하여 스스로가 선택하면 되는 것이다. 옛것을 배우고 새롭게 밝혀

나의 존재에 유익을 주어야 한다.

  그것에 대하여 감정와해기법의 관점에서 아래와 같은 불교 핵심 가르침이 고스란히 녹아 있는 큰 줄거리의 흐름을 따라 다시 한번 재해석함으로써 근본적인 답(答)을 하고자 한다.

  반야심경(般若心經)의 마음의 형성 과정인 오온(五蘊)으로 출발해서 고집멸도(苦集滅道)의 사성제(四聖諦)를 거쳐, 완전히 마음에서 벗어난 의식 상태인 금강경 사구게 중 범소유상개시허망(凡所有相皆是虛妄) 제상비상 즉견여래(諸相非相 卽見如來)와 응무소주 이생기심(應無所住 以生起心)으로 흐름을 따라서 정확한 의미를 알고 현실에서 구현하기만 하면 모든 괴로움에서 완전히 벗어나고 스스로 깨달음에도 이를 수 있다.

  코로나 팬데믹으로 지쳐 정신적 문제로 고통 받는 분들, 질병을 치유하려는 분들과 지금도 깨달음을 얻기 위해 수행에 매진하시는 구도자분들에게 큰 도움이 되기를 희망하며, 모든 사람이 건강하고 스트레스 없이 뜻대로 살기를 희망해 본다.

2022. 5. 30
靈性資産家 영성 자산가 **현진**

1장
계기

주화입마(走火入魔)라는 수행 편차가 가져온 고통은 이루 형언할 수 없을 정도였지만 마음의 원리를 알고 마음을 버리는 법칙을 깨닫게 되었다.

계기

  감정와해기법은 나에게는 정말 견디기 힘든 육체적, 정신적 고통을 겪으면서 어렵게 얻게 된 보배와도 같은 것이다.
  필자가 수행하던 중 불행하게도 중국 무협지에나 나올 법한 생소한 수행 부작용인 주화입마(走火入魔)라는 것에 걸리게 되었다.
  주화입마(走火入魔)라는 수행 부작용은 정말 상상하기조차 힘든 정신적 고통과 육체적 고통이 하루 24시간, 1분 1초도 멈추지 않는 상태에 놓이는 아주 무섭고 힘든 것이었다.

  너무 고통스러워 병원 진료를 하면 묘(妙)하게도 정신과 신체는 너무나 지극히 정상이었다.
  도대체 내가 왜? 이런 고통을 겪어야 하나? 처음에는 인정하고 받아들이기가 힘들었다.
  고통스러운 과정에서 곧 낫겠지, 라는 기대와 희망도 있었지만, 시간이 흐를수록 나아지지 않고 고통은 더욱더 심해져만 갔다.

  날씨가 더운지 추운지조차 감각으로 느껴지지도 않았다. 눈도 잘 보이지 않아 어둡고 밝은지도 분별이 잘 되지 않아서 책과 경전은 아예 읽을 수조차 없었고 심지어는 걷는 것마저도 너무 힘에 겨웠다.
  가슴의 갈비뼈는 주리를 트는 것처럼 통증이 심하고, 머리는 두꺼운 철판을 바이스로 물려놓고 찢는 듯한 고통과 마른 가죽 포대를 머리에 씌워 놓고 뜨거운 태양 아래서 물을 부어 말려 쪼그라드는 듯한 고통이 연일 계속되었다. 머릿속은 압력이 터질 듯이 치밀고 장기는 횡경막 위로 모두 올라붙어 소변을 보려고 해도 나오지 않아 손으로 방광 부분을 쥐어짜듯이 누르며 보기도 하였다.

 밥을 먹을 수 없을 정도의 나날이 일주일씩이나 지속되는 일이 자주 있었다. 두려움과 공포는 이루 형언할 수조차 없이 꼼짝을 하지 못하게 필자를 옭아매어 왔다. 천벌도 이런 천벌이 없었다.
 고통에서 벗어나고자 수행력이 높다는 수행자들도 찾아다니며 도움을 얻으려고 노력을 하였지만 대부분 실망과 허사였다. 그러던 중 당시 중국에서 꽤 유명한 도가기공의 대가(大家)이신 한의사분을 도반(道班)의 도움으로 만나게 되어 그간의 고통을 토로하고 도움을 청하였다.

 그분이, 그 당시 필자에게 보여주는 신기한 여러 가지 술(術)은 참으로 놀랍기도 하고, 어쩌면 나의 수행 부작용을 치유하는 데 도움을 받을 수 있을 거 같은 희망도 가졌었다. 하지만, 그분이 말씀하기를 주화입마(走火入魔)는 중국의 의성(醫聖)이신 화타, 편작이 다시 살아 돌아와도 치유하기 힘든 것이라는 말을 하고 본인도 자신이 없다고 하였다.

 수년을 이런 일이 반복되면서 이제 그 누구의 도움도 받을 수도 없고 지유 약도 없음을 알았을 때, 어떻게 해야 할지 막연하고 막막힘을 느꼈다.

더구나 도반들에게 짐이 되는 것도 문제였고, 속가의 부모님과 가족들에게 이런 모습으로 의지하는 것 또한 죽기보다 더 싫었다. 고통도 고통이지만 젊은 나이에 앞으로의 호구지책도 큰 문제였다.

금생(今生)에서 이 육신과의 인연은 여기까지인가 보다 하는 절망감에 고통을 벗어 버리는 방법은 몸을 버리는 것 이외는 없을 것 같아 스스로 몸을 버릴까 하는 생각도 수차례 했었다. 하지만, 구도자로서 내 몸을 버린다고 끝이 아닌 것을 알기 때문에 스스로 몸을 버릴 수는 없었다. 온몸이 타들어 가는 고통만이라도 조금 덜했으면 하는 바람뿐이었다.

현생에서 이것이 나의 가혹한 운명이고 내가 풀어야 할 숙제이자 과제로 주어진 것이라 생각하며, 스스로를 위로했다. 숙명이라면 너무 가혹한 숙명이었다. 한편으로는 고통을 참고 견디며 방법을 찾으면 이 고통에서 벗어날 수 있는 방법이 꼭 있을 거라는 왠지 모를 어슴푸레한 희망도 없지 않아 있었다.

맹자(孟子)의 말처럼 하늘이 장차 사람을 크게 쓰기 위해 뼈가 부서지는 고통으로 연단시킨다는 것처럼 나의 고통이 뭔가 뜻이 있을 것이라 생각하며, 위안을 하기도 하였다.

내 목숨이 세상과 인연이 다하여 저절로 끝이 난다면 어쩔 수 없는 일이지만 그때가 닥칠 때 닥치더라도 스스로 몸을 버리지는 않겠다. 하며 이승에서의 인연이 다할 때까지 이 문제를 해결해보자고 마음속으로 다짐을 했다.

여러 가지 기공술, 명상법, 참선법등 다양한 수행법들을 연구하고 수련을 해 보았지만, 점점 고통과 괴로움만 증폭되고 개선되지는 않았다.

기(氣)가 머리 쪽으로 불처럼 온 살갗을 태우듯이 치솟으니 그때 '아~ 내 모든 기(氣)가 다 타고 심지마저 다 타야 끝나고 살길이 열리겠구나!' 하는 생각이 들었다.

'그때까지 다른 합병증이나 목숨이 다하지 않도록 양생(養生)에 신경 쓰며 세월을 보내는 방법밖에 없겠구나!' 하는 생각이 들었다.

그러면서도 정신적 고통만이라도 벗어나기 위해 여러 가지 수행법들을 연구하고 또 시도하는 것은 계속하였다. 몇 해 동안 하여도 성과가 없었다. 발버둥을 치고 누구에게 하소연한들 고통이 사라지지 않는다는 것과 앞뒤가 꽉 막힌 상자 속에 갇혀 있는 듯한 어찌할 수 없는 상황들, 돌이켜보면 오로지 스스로 노력만으로 벗어날 수밖에 없었던 힘겹고 암울한 시간이었다.

이런저런 수행을 하면서 방법을 강구해 보았지만, 소득이 없었다. 그래서 처음으로 돌아가서 부처님께서 어리실 적에 사람들이 농사지을 때, 곤충들이 쟁기에 찢겨 죽는 모습을 보시고 마음 아파하시며 나무 밑에서 삼매(三昧)에 드시는 것에 주목하고 그 시점에 집중하여 당시 부처님의 마음과 의식의 상태가 어떠하셨는지 알려고 노력하였다. 어쩌면 그 지점에서 해결의 실마리가 있을 것 같았다.

그렇게 수년이 흐르던 어느 날, 문득 알게 되었다. 생사(生死)가 일여(一如)하고 오고 감이 없다는 것을 알았다. 노력하고 애를 쓴다고 고통에서 벗어날 수 없다는 것도 알았다. 그동안, 필자가 얼마나 고통에서 벗어나려고 몸부림치고 애를 썼는지 온몸에 전율처럼 느껴지는 것이었다. 그물에 걸린 고기가 몸부림치면 칠수록 그물이 더욱 옥죄어진다는 말의 뜻을 실감하게 되었다.

비로소 마음의 작동 원리 또한 깨닫게 되었다. 감정이 문제였다. 감정이 와해되는 과정과 법칙을 보게 되었다. 조금씩 마음이 안정되고 동요 없이 서서히 맑고 평온한 상태가 되었다. 그동안, 도를 닦고, 깨우치니 하면서 혼자 짓고, 부수고 어리석은 짓을 되풀이하였던 것이다.
오히려 기쁨보다는 허망함과 허탈감이 밀려왔다.
고작 이거였어?
결국은 돌아, 돌아와 보니 제자리였다. 원래 천지 만물 자연의 모든 것이 그대로 그 자리에 있었다. 속된 표현을 빌자면 딱 본전 했구나! 하는 생각이 들었다. 정신적 고통은 사라졌지만, 육신의 고통은 끝나지 않았다.
주화입마(走火入魔)라는 수행 편차가 가져온 고통은 이루 형언할 수 없을 정도였지만 마음의 원리를 알고 마음을 버리는 법칙을 깨닫게 되었다.

그런데 문제는 필자는 그렇게 보이고 알게 되어 마음을 버릴 수 있게 되었지만, 다른 사람들이 이런 이치를 깨닫고 마음을 버릴 수 있는 긴 시간과 노력을 투자할 수 있을까 하는 생각이 들었다. 그래서 이것을 보편화할 수 있는 방법을 찾아야 되겠다고 생각하게 되었다.

그래서 계룡산에 있는 모 절에서 조석(朝夕)으로 예불을 모셔드리기로 하고 방 한 칸을 얻어서 이것을 수학 공식처럼 도식화하기 위하여 몇 개월을 보내기도 하고, 그 뒤로 몇 년을 더 사유(思惟)와 연구를 하였다.

모든 자연은 일정한 법칙에 의하여, 지휘자의 지휘에 따라 오케스트라의 연주처럼 하모니를 이루고 있다.
과학이 자연의 법칙을 발견하여 지식화하고 보편 상식화하는 과정이라면, 마음도 당연히 작용하는 법칙이 있을 것이라 생각하였다. 역시, 마음도 그러한 일정한 법칙이 존재하는 것을 알게 되었다. 그래서 마음을 완전히 제어하고 도식화하고 수학 공식처럼 이론화할 수 있는 '감정와해기법'을 완성하게 되었다.

그러고 보면 그렇게 밑지는 고통과 인생은 아니었던 거 같다. 그 뒤로 움직일 수 있으면 움직일 수 있는 대로 아프면 아파하면서, 힘들면 힘들어하며, 틈틈이 선원에서 참선과 명상을 하며 수련생들을 지도했다.
5년여 전 계룡산 동월외 암자에 있었을 때 이제 쉽지가 다 타 버렸는지 더 이상 기(氣)가 치솟는 것이 멈추었다. 그나마 큰 기쁨이고 다시 몸이 회복될 수도 있을 기회를 얻게 되었다

이 글을 쓰고 있는 지금, 수행 편차로 고생을 하며 지난 세월이 이제 20여 년이 지났다. 이 순간도 육신의 고통은 아직 완전히 끝나지 않았지만 조금씩 좋아지고 있는 것 같다.

아침에 눈을 뜨면 나를 반기는 것은 몸의 통증이다.

젊은 청춘은 이제 다 지나갔다.

하지만 이제는 나에게 마음은 더 이상, 형이상학적이고 추상적이지 않고, 아주 구체적이며 실재적으로 속속들이 파헤치고 마음을 명확하게 정의할 수 있게 되었으며, 트라우마, 공황장애, 불안, 우울 등의 감정적 상태에서 근본적으로 벗어날 수 있는 방법에 대하여 명료한 해답을 얻게 되었다.

2장
지구촌 이슈

자연계의 기후 변화로 인한 코로나 팬데믹과 과학 기술의 산물인 4차 산업과 블록체인 기반의 메타버스가 급부상하고 있다. 삶의 패러다임이 완전히 변해야 했고 새로운 변화에 적응해야 한다.

지구촌 이슈

삶을 살아가면서 다양한 일들이 펼쳐진다.

내가 원치 않는 일이 내 인생에서 발생하게 되면, 경제적 어려움이든, 질병이든, 어려운 문제에 봉착하여 괴로움에 처해 있다면 제일 먼저 내가 현재 처해 있는 좌표를 먼저 알아야 한다.

그 좌표를 한마디로 표현하면 나의 능력이라는 단어에 모든 다양한 의미가 함축되어 있을 것이다. 좌표를 알고 어느 방향으로 나아가서 문제를 해결할 것인가 방법을 찾아야 한다.

하지만, 내 개인의 능력이 뛰어나다 하여도 세상의 흐름에는 어쩔 수 없이 속수무책으로 당할 수밖에 없는 불가항력적인 자연재해, 생로병사, 전염병, 사회 현상 등이 있다.

현재 지구촌 전 인류에게는 두 개의 커다란 이슈가 있다. 어느 국가, 어느 민족 할 것 없이 지구상의 모든 인류가 동시에 이 커다란 두 이슈로부터 자유롭지 못하게 되었다.

자연계의 기후 변화로 인한 코로나 팬데믹과 과학 기술의 산물인 4차 산업과 블록체인 기반의 메타버스가 급부상하고 있다. 삶의 패러다임이 완전히 변해야 했고 새로운 변화에 적응해야 한다.

인류가 상상하는 모든 것을 현실화시킬 수 있는 블록체인과 메타버스는 이제 현실과 가상의 세계마저 경계가 모호한 지경에 이르게 되었다.

지금의 코로나 팬데믹 상황은 1918년대 1차 세계대전을 종식한 스페인 독감 이후로 가장 강력한 바이러스의 출현이라고 할 수 있다. 인류의 과학, 의학 등 모든 문명이 하루아침에 코로나로 인해 무력화된 힘겨운 현실이기도 하다. 전 세계 인류가 겪는 이러한 일련의 변화는 이제는 개인, 국가를 넘어 전 인류가 서로 연합하여 공동으로 풀어야 할 문제가 되었다.

인류 역사상 수많은 발견과 발명들조차도 이렇게 전 지구인의 삶의 방식을 한순간에 송두리째 바꿔놓은 예는 없었다. 오로지 코로나바이러스가 유일할 것이다. 인류의 의·과학이 발전해 100세 시대를 자랑하고 있지만 감기 바이러스조차 극복하지 못한 것이 현재 의학의 현주소이기 때문이다.

코로나도 바이러스이다.
바이러스의 특징은 온도, 습도에 굉장히 민감하다는 것이다. 그런데 코로나는 온도, 습도, 계절의 특성 등 지구의 기후 환경 조건에 완벽하게 변이로써 적응하고 있어 인류라고 하는 종(種)보다 더 오래 지구에 머물 유기체일 수도 있다.
우주의 시공간 좌표의 변화로 인한 자연 기후 환경의 산물인 코로나 팬데믹도, 인류 기술의 산물인 메타버스도 인류가 주도하는 것이 아니라 이제는 두 큰 이슈가 인류의 고삐를 잡고 끌고 가는 형국이 되어 버렸다. 이 큰 두 이슈로부터 오는 정신, 심리적 괴로움에서 벗어날 수 있는 방법은 없는 것일까?

과연 우리 인류는 어떻게 해야 할 것인가. 개인이나 인류는 이 물음에 대하여 분명한 답을 해야 한다. 이 큰 두 이슈는 인류의 생존권을 위협하므로 생존을 위해서 다양한 시도와 연구는 계속될 것이다. 하지만, 의학과 과학의 외적인 부분에서 답을 얻는 것도 의미가 있지만 아직은 의학과 과학이 답을 못해주는 부분이 많이 있다.

이제는 의학과 과학의 공적(公的) 영역에서 얻지 못하는 답을 개인 스스로가 답을 얻어야 할 시기가 되었다. 인류는 새롭게 형성된 환경에 적응과 생존을 위해 새로운 생존전력을 모색하여 우주 자연에 가장 완벽한 답을 해야 한다.

3장

마음 사용 설명서

우리는 새로운 전자 기기나 휴대폰을 구매하면 사용 설명서를 읽고 숙지하여 기능을 최고로 극대화시켜 사용한다. 하지만, 태어나기 전부터 태어나서 육신이 죽을 때까지 사용하는 마음에는 사용 설명서가 없다.

1 문제 제기

인류의 가장 큰 문제는 정작 가장 중요하게 알아야 할 것을 모르고 의, 과학의 발달과 명의 이기(利器)만을 누리려고 하는 데 있다.

스스로가 스스로에게 무언가 의문을 던져 문제를 만들고 그 문제에 대한 답을 스스로 얻을 수 있어야 되는데, 이제는 컴퓨터가 모든 답을 해주니 묻지 않는 것에 너무나 익숙해졌다.

지금의 코로나 팬데믹과 같은 두려운 현실도, 메타버스와 같은 최첨단 과학의 출현도 인류는 마음의 준비가 안 된 상태에서 맞이하고 있다.

이 큰 두 개의 이슈에서 파생되는 모든 문제를 해결하고, 개인이 안고 있는 정신적 문제를 해결하는 데 가장 중요한 것은 마음을 정확하게 아는 것에 있다.

우리라는 공동체가 해결해 줄 수 있는 것도 있지만 나 개인이 해결해야 하는 것도 있다.

이제는 종교적 가르침이나 세속적 가르침으로 정형화된 답을 의심 없이 따라야 할 때가 아니라 스스로가 질문과 답을 얻어야 하는 시대가 되었다.

우리는 과연 자신의 마음에 대하여 얼마나 알고 있는가? 우리는 마음이라는 것을 늘 사용하며 살고 있지만, 사실 마음에 대하여 아는 바가 거의 전무하다 해도 과언이 아니다.

우리의 삶 전반에 걸쳐 작용하지 않는 곳이 없는 것이 마음이지만 막상 마음이 무엇이냐고 물어보면 '마음은 이것이다'라고 정의하거나 설명할 수 있는 사람은 정말 드물 것이다. 어떻게 평생 사용하는 마음에 대하여 이리도 모르면서 사용한다는 것이 참으로 아이러니하다.

  우리는 태어나서 많은 교육을 받고 살아간다.
  어린이집부터 대학원, 해외 유학까지 그리고 수많은 사설 교육 기관까지 다양한 삶에 필요한 지식을 수십 년을 공부한다. 왜 이토록 많은 시간과 비용을 들여서 공부하는 것일까?
  아마도 괴로움 없이 행복하게 살기 위해서 많은 공부를 하는 것일 것이다. 이 세상 모든 생명을 가진 유기체들은 괴로움 없이 안전하게 생명 활동을 이어가기를 바란다.

  우리가 삶을 살기 위해서는 절대적 두 가지 조건을 충족해야만 가능하다. 바로 몸과 마음이 있어야 된다. 그래서 몸과 마음의 메커니즘을 정확히 알고 사용하며 살아야 한다.

  요즘은 유튜브나 각종 TV에서 몸에 좋은 음식과 과일 등에 대하여 앞다퉈 방송을 한다. 정작 중요한 삶의 질을 결정하고 희, 노, 애, 락으로 결정하는 마음에 대해서는 가르쳐 주는 곳은 거의 없다. 마음에 대하여 가장 중심적인 핵심 교리로 지도하는 종교는 불교가 유일한 곳이기도 하다.

하지만 현재 인류가 안고 있는 다양한 정신 심리 문제를 회복하는 근원적인 해답을 제시하지 못하고 있는 현실이기에 실로 안타깝기 그지없다. 사실 마음과 몸의 사용 설명서는 초등학교부터 교과목으로 시작해서 가르치고 배워야 하는 무엇보다 제일 중요한 공부라고 필자는 생각한다.

 우리는 새로운 전자 기기나 휴대전화를 구매하면 사용 설명서를 읽고 숙지하여 기능을 최고로 극대화해 사용하고 있다. 하지만, 태어나기 전부터 태어나서 육신이 죽을 때까지 사용하는 마음에는 사용 설명서가 없다.

 이게 무슨 황당한 말인가?

 평생 자기 삶의 행복과 만족 그리고, 괴로움을 주관하는 마음을 모르고 깜깜한 상태에서 마음을 사용하고 일생을 산다는 것이 얼마나 어리석은 짓인가? 사람들은 저마다 아무렇지도 않은 듯 다니고 있지만, 필자가 보기에는 스트레스로 인하여 머리 위에 화롯불을 하나씩 이고 다니는 것처럼 보인다.

 우리는 모두가 마음의 작용을 하루에도 수십 번 느끼고 이야기를 한다. 마음이 아프다. 마음이 힘들다. 힘들어서 죽고 싶다. 재미가 있다, 없다 등. 하지만, 마음이 무엇이냐고 물어보면 속 시원하게 '이것이 마음이다'라고 대답을 할 수 있는 사람은 거의 없다.

 서양의 심리학이든, 기독교 목사도, 천주교 신부도, 불교의 승려들조차도 마음이 무엇인지 물어보면 딱히 이것이 마음이다, 라고 정의

해 주지 못한다.

　이렇듯 과학과 종교계에서조차 마음에 대하여 시원하게 정의 내려 주지 못하고 오히려 이것을 이용하여 일부 종교 지도자들과 영적 지도자라고 자칭하는 자들이 혹세무민하기가 일쑤이다. 사실은 그들조차 진정한 마음이 무엇인지 모를 수도 있다. 서양의 심리학은 마음을 분석해놓은 분석학이다. 분석학은 상담심리학이라든가 인지행동치료 등을 발달시켜 왔지만, 치료학으로는 부족한 면이 많다.

　불교에서도 욕계(欲界), 색계(色界), 무색계(無色界), 초선정, 이선정, 삼선정, 사선정, 수다원, 사다함, 아나함, 아라한 등과 성문, 연각, 보살, 화엄경의 십지 보살 등에서 마음의 단계와 변화하는 과정을 소상히 밝혀 놓았지만, 그것을 현실에서 구현하는 방법론에는 큰 어려움이 있다.

　유교의 공자는 생애주기별 의식의 상태를 다음과 같은 경지를 득(得)해야 마땅히 사람 노릇을 할 수 있다고 하였다. 나이 15세에 입학(立學), 30세에 이립(而立), 나이 40세에 불혹(不惑), 50세에 지천명(知天命), 나이 60세에 이순(耳順), 나이 70세에 종심소욕 불유구(從心所欲 不踰矩) 즉 나이 70세에 마음 따라 욕심대로 하여도 법도를 벗어나지 않는다는 말이다. 그만큼 자신을 단련하고 숙성시켰다는 것일 게다.

　심리학자 매슬로우는 인간의 의식 단계를 1. 생리적 욕구 2. 안전의 욕구 3. 사회적 욕구 4. 존경의 욕구 5. 자아실현의 욕구와 같이 다섯 단계로 나누어 놓았다.

이것은 생존에 성공하면 그 상위 단계의 의식 상태로 옮겨가려는 의식의 향상성을 설명하는 것이라 생각 된다.

마음은 우리가 이 세상에 태어나서 죽을 때까지 아니 어쩌면 죽어서도 존재할 수도 있는 것이다.

마음이 무엇인가를 정확하게 알면 현재 인류가 겪고 있는 코비드 상황에서 '자연보건면역인자'로 거듭날 수 있고 또한 정신, 심리적 문제인 공황장애, 불안, 우울, 분노, 트라우마까지도 치유 가능하며 특히 불교에서 이야기하는 깨달음조차도 아주 쉽게 얻을 수 있는 것이다.

정신·심리적 어려운 문제인 트라우마, 공황장애, 불안, 잡념 등도 해결하지 못하는 종교와 학문과 수행이라면, 그것은 아무짝에도 쓸모없는 지식이고 학문이며 배울 가치도 없다. 그것에 매달리는 자체가 바로 삶을 낭비하는 일이 되고 마는 것이다.

그래서 필자가 이야기하고자 하는 것은 마음이 무엇이며, 어떻게 생성되고, 우리의 삶에 어떻게 관여하고, 어떻게 사라지게 하여 정신, 심리적 문제를 해결할 수 있는지 이 모든 것을 다루는 마음 사용 설명서인 감정와해기법에 관한 것이다.

지금부터 필자와 함께 마음이란 놈을 정확히 알고 '자연보건면역인자'로 거듭날 뿐 아니라, 나아가 모든 정신적 문제와 마음의 문제를 해결하고 궁극의 깨달음까지 가는 아주 쉬운 내면의 여행길을 출발해 보도록 하자.

2 마음의 정의

먼저 마음이 무엇인지 정의를 내려 보자.

마음은 포괄적으로 이성(의지+외부정보+기억(識)+감정이라고 정의 내릴 수 있다.

그러나 조금 더 세밀하게 분석을 해보면 이성은 외부정보를 한정 짓고, 기억하는 것이므로 의식에 가깝고 감정은 희, 노, 애, 락의 동력을 제공하여 주므로 마음은 감정이라고 하는 것에 더 가깝다. 그리고 우리가 해결하고 도달하려고 하는 것은 마음의 괴로움에서 벗어나는 것이기에 의식과 외부정보보다 감정이라는 단어에 더 집중해야 한다.

이성(理性)은 의식+ 정보+기억이다.

이성은 우리에게 괴로움을 주지 않는다.

감정이 우리를 괴롭게 하는 존재이다. 더 정확하게 이야기하면 마음이 '감정'이라고 말하는 것이 맞는 표현이다.

천수경에 이런 구절이 있다.

죄무자성 종심기(罪無自性 從心起)

심약멸시 죄역망(心若滅時 罪亦忘)

죄(罪)는 스스로의 성품(性品)이 없으므로 마음 따라 생긴다.

만약에 마음이 사라지면 죄 또한 사라진다, 라는 뜻이다.

여기서 죄(罪)는 한정 짓지 말아야 될 것을 이것과 저것으로 나누는 것을 말하며, 마음(心)은 그렇게 한정 지은 죄(罪)를 존재케 하는 동력을 제공하여 주는 작용을 하는 것이다. 죄(罪)는 에고이사업(業)이며, 마음은 괴로움을 조장하는 장(障: 장애)이 되는 것이다. 그래서 업장(業障)이라고 하며, 불교에서는 이것을 소멸하는 것을 업장소멸 마음공부라고 한다.

그래서 죄(罪)을 짓지 않으려면 마음(心)을 와해하여 멸(滅)하면 죄(罪)의 동력이 사라지므로 죄(罪)는 스스로 존재하지 못하고 저절로 사라지게 되는 것이다. 이 내용은 '감정편'과 '생각편'에서 자세하게 다시 다루도록 하겠다.

이성은 어떤 사물이나 정보를 한정 짓고, 개념화할 수는 있어도 괴로움을 주는 존재는 아니다.
트라우마, 공황장애, 불안, 조울 등은 모두가 감정에서 기인한다. 이것이 가장 큰 문제인 것이다.
대부분 이러한 정신적 문제가 '감정' 때문이라는 것을 잘 알지 못한다. 괴로움은 이성의 작용인 의식이 감정에 머무를 때 발생하는 것이다. 마음(감정)이 형이상학적이라 모른다고 하지만 사실 마음을 모르는 사람 아무도 없다.

당장 주변 친구가 여러분들한테 욕을 한번 하거나 발로 한번 걷어 차 버리면 화가 나고 싫다는 감정을 바로 느낄 것이다.
이것이 마음작용이다.
마음이 어떻게 추상적일 수가 있는가?
다만, 마음은 눈에 보이지 않고 정량화하지 못하기 때문에 추상적으로 느껴질 뿐이다.
 하지만, 분명한 것은 신체에서 작용하여 괴롭게도 하고, 화나게도 하며, 행복을 느끼고, 사랑을 느끼게도 한다는 것을 알 수 있다.

 바람도 눈에 보이지 않는다.
 하지만 우리는 느낌으로 바람이 불고 있음을 알 수 있다. 마음도 마찬가지로 눈에 보이지 않지만 느낌으로 알 수 있다. 이처럼 눈에 보이지 않지만 많은 것들이 자연계에서는 작용하고 있다.

 '마음'은 우리의 이성으로 통제하기가 거의 불가능에 가깝다. 중요한 사실은 마음(감정)은 두뇌에서 일어나는 현상이 아니라 몸을 구성하는 세포에서 일어나는 현상이다. 두뇌는 이것을 인지하고 통합하고 반응하고 재명령을 하는 기능적 역할을 하는 총사령탑이라 할 수 있다.

 화가 났을 때를 생각해 보자.
 이성으로 화를 내지 말아야지 하면서도 몸에서 화가 나는 반응은 멈추어지질 않는 것을 경험한 적이 있을 것이다. 어떤 큰 사고가 나고, 일 처리를 잘하고 집에 갔더니 심리적으로 힘들면서 팔다리가 후들거리고 온몸이 덜덜덜 떨려오는 경우를 경험한 적이 있을 것이다.
 이것을 외상후스트레스 증후군(PTSD)이라 한다. 상사병(相思病)도 감정과 이성이 따로 작용하기 때문에 나타나는 정신, 심리적인 문제인 것이다.

마음(감정)은 몸을 구성하는 60조 세포에서 내, 외부의 정보에 대한 반응 작용을 한다. 트라우마, 공황장애, 우울증, 조울증, 불안 등 모든 것을 가만히 생각해 보자. 모두가 이성이 통제하기 힘든 감정의 문제이다. 그러면 감정이 어떻게 형성이 되고 무엇인지 알아야 한다. 중요한 것은 감정을 이해하고 알려면 먼저 하늘과 땅의 습성을 이해하여야만 한다는 것이다.

하늘과 땅의 특성을 이해하는 것은, 마음의 구성 성분을 알고 모든 괴로움에서 벗어나는 가장 핵심적인 비밀을 알게 한다. 이 문제는 하늘과 땅의 장에서 세밀하게 다시 다뤄보도록 하겠다.
현재 우리의 문제는 모든 감정으로 인하여 발생한 정신, 심리적 문제를 치유하거나 바로잡는 방식을 이성으로 감정을 컨트롤하려고 하는 것이다. 이미 출발선부터 잘못되어 있다.
마음은 감정이다.
감정은 인체 세포에 각인되어 있다.
마음(감정)은 컨트롤할 대상이 아니라 버리거나 와해를 시켜야 할 대상이다.

3 마음의 형성 과정

마음의 형성 과정과 생성 과정은 반야심경(般若心經)의 경전 대목에 아주 잘 설명되어 있다. 아마도 마음이 생겨나는 원리를 자세하게 설명해놓은 경전(經典)은 유일하게 불교의 반야심경(般若心經)일

것이다.

 반야심경 중에 오온개공(五蘊皆空)이라는 단어가 있다. 여기서 오온(五蘊)은 색(色), 수(受), 상(相) 행(行), 식(識)이라는 다섯 가지 꾸러미 또는 무더기라는 뜻인데 이것이 바로 마음이 생겨나는 원리이며, 여기에 의식과 정신 작용의 원리가 숨어 있다. 이 단락의 의미를 내면화한다면 인류의 정신, 심리적 문제와 깨달음을 추구하는 것마저 해결할 수 있을 것이다. 개공(皆空)은 서로 상호 의존관계에 의해서 존재가 있는 것처럼 보이지만 사실은 스스로 모두가 고정된 실체가 없다는 뜻이며, 무자성(無自性)을 의미하는 말이다.

 그럼 하나하나 살펴보며 마음이라는 괴물이 어떤 과정으로 형성되는지 알아보자.
 오온(五蘊)은 크게 두 가지로 나누어진다.
 첫째는 외부환경을 총칭한 색(色(외부환경의 정보+ 몸(지, 수, 화, 풍의 사대) 즉 객관의 대상인 형상을 가진 모든 것, 소리, 냄새, 맛, 느낌 등을 말하는 것이다.
 둘째는 의식 내부변화를 총칭한 수, 상, 행, 식(受, 想, 行, 識)을 말한다. 내부변화의 시작인 수(受)는 외부환경의 정보를 받아들이는 감수 작용을 하는 다섯 군데의 인체 기관을 말하며 이것을 오감(五感)이라고도 한다.

```
1 안식 眼識    안 眼    색 色
2 이식 耳識    이 耳    성 聲
3 비식 卑識    비 卑    향 香
4 설식 舌識    설 舌    미 味
5 신식 身識    신 身    촉 觸
           오 감 五感

6 의식 意識    의 意    법 法
           육 감 六感
```

상(想)은 인체의 감수기관을 통하여 들어온 정보(相)에 이미지(감정)를 덧입히는 과정을 뜻한다. 비로소 마음이 처음 생성되는 찰나이다.

외부 대상 즉 5기관을 통해 정보가 입력되면 뇌에서 상(相: 像, 想)이 형성되고 개체의 특성인 이기심과 생존 전략인 이해득실(利害得失)에 따라 욕망과 저항이라는 이미지(감정)가 생성되어 정보+이미지(감정)가 한 묶음이 되어 하나의 상념체(想念體)를 생성하는 과정이다.

이 덧입혀지는 이미지(감정)만 와해할 수 있다면 우리는 더 이상 추상적인 상상력의 산물인 종교나 신에 의존하지 않을 수 있고 우주의 주인공으로서, 내가 나로서 존재할 수 있다.

행(行)은 그렇게 이미지화된 정보 즉 상념체들이 각 세포로 이동하는 과정을 뜻한다. 이 부분에서 많은 스님께서 행(行)의 해석을 인간의 의지(意志) 또는 행동(行動)이라고 표현하시는데 필자는 그리 생각하지 않는다.

색(色)은 외부의 대상의 총체이고 수(受), 상(相) 행(行), 식(識)은 두뇌나 신체 내부에서 일어나는 일련의 일들이기 때문에 의지로 인한 행동 등으로 해석하는 것은 적절하지 않다고 생각한다.

식(識)은 그렇게 형성된 상념체가 각 세포로 行(이동)을 한 뒤 혼(魂)에 저장 및 자리를 잡는 과정을 의미한다. 즉 생각의 집을 짓는 것이다.

모든 정보는 이러한 일련의 과정을 겪어 사람의 체내 세포 속에 자리를 잡고 정보와 감정이라는 것으로 존재한다. 정보는 기억으로 저장되었다가 생각이라는 것으로 떠오르고 감정은 몸의 느낌으로써 작용을 한다.

의(意)는 의식 활동 중 하나의 정신 작용으로 '주의'라고 명명하는 것이 더 확실한 듯하다.

'주의'는 영(靈)의 의지작용이 식(識)의 프리즘을 통해 일정한 방향으로 나아가 노출되는 대상(色: 色聲香味觸)에 접(接)하고, 또 내면의 생각과 입력된 정보에도 접(接)하는 작용을 한다.

의(意)의 정신 작용인 '주의'가 작용하여 대상(색(色))을 만나 상(想)이 형성되고 이것이 세포에서 집을 짓는 식(識)과 만나면 비로소, 의식(意識)이 형성된다. 의식의 형성은 시비분별(是非分別)을 하게 되는 바탕이 된다.

의식은 내부의 기억과 외부에 펼쳐진 모든 형상을 통해 보고, 듣고, 느끼고, 맛보며 일체를 판단하는 관점과 가치관을 형성하여 삶을 살아가는 본인만의 생존 방식을 터득하게 된다.

법(法)은 이러한 일련의 현상이 조건과 인연이 맞으면 항상 저절로 변함없이 발생하는 것을 말한다. 이것은 우주 자연이 굴러가는 법칙 또는 율려(律呂)이다.

이렇듯 대상(色)의 6처(六處)와 감수(受)의 6근(六根), 6식(六識)의 18처정이 서로 의지하여 개체성이 확립되고 괴로움의 원인이 되는 가아(假我)가 생성되는 과정이며 우리의 마음을 그려내는 것이다. 아무래도 기독교에서 이야기하는 6·6·6.과 흡사한 맥락이 있는 듯 보이기도 한다.

그런데 오온(五蘊)만으로 마음이 형성되는 것은 아니다. 수(受)에서 상(想)이 형성될 때 이미지(감정)가 덧입혀지는데 무슨 기준으로 그러한 현상이 발생하는가?

저절로 이미지(감정)가 덧입혀지는 것이 아니기 때문에 이것은 굉장히 중요한 문제이다.

사람이 잉태될 때 법신(法身)에서 개체성을 띠게 되는데 이것을 보신(保身)이라 하며 생명력인 영(靈)과 혼(魂)이라는 큰 보(褓)가 주어지게 된다.

영(靈)은 우주 자연의 근본 에너지의 일부로서 잉태로 인한 개체성이 성립할 때 생명력이라는 에너지 형태를 띠며 알아차림의 주체가 된다.

또한, 근원에너지와 맞닿는 게이트 역할을 하며 불교에서 진공묘유(眞空妙有)라고 하는 의식의 자리이기도 하다. 이것을 보통 불성(佛性), 성령(聖靈), 본성(本性)이라고 부른다.

영(靈)은 영원히 쉬지 않으며 잠을 자지도 않는다.

잠을 자면서 꿈을 꿀 때, 자는 내가 있고, 꿈속에서 움직이는 내가 있고, 움직이고 있는 나를 영화 보듯이 전체를 보는 것이 있다.

그것이 바로 영(靈)이 하는 일이다.

불성(佛性)인 영(靈)은 외부 대상과 직접 접(接)할 수 없고 오직 오감(五感)의 감수(感受)기관에서 정보가 입력되어 뇌간을 통해 시상에 상(相)으로 맺혀진 것만 알아차리고 인식할 수 있다.

이를테면 잠수함에서 잠만경을 통해 외부현상을 볼 때 잠만경은 감수기관이고 잠수함 안에서 잠만경을 통해 외부정보를 보는 것이 영(靈)이 의식(意識)을 통한 정신 작용인 것이다.

영(靈)은 무아(無我)라고 할 수 있다.

혼(魂)은 마음 보따리(심보心褓)인데 그 속에는 기본 생명 유지와 생존에 필요한 본능과 타고난 기질이라는 정보가 담겨 있으며 식(識)이 저장될 곳이며 가아(假我) 즉, 유아(有我) 우리가 평생 '나'라고 생각하고 살게 되는 주체이기도 하다. 태아는 본능적인 행동만을 할 뿐, 사물의 시비 분별력은 없으며 따라서 나머지 보따리인식(識)은 백지의 상태이다.

 이것은 마음 형성의 기초가 되는 것이며 그 기질과 개체성의 생존 본능에 의하여 외부정보가 뇌에 입력될 때 생존의 유불리에 따라 욕망과 저항이라는 정신 작용에 의하여 마음(감정)이 생성되는 것이다.

 성장하면서 개체성을 기반한, 식(識)이 축적되고 여기에 의(意)와 교량이 형성되면 비로소 자유 생각이라는 정신 기전이 발생하며 이성의 힘이 두드러지게 두각을 나타나게 된다.
 이 시기가 보통 5세 전후가 되며 좌우 뇌의 뇌량이 완성되는 시기이기도 하다.

 특이한 것은 이렇게 형성된 상념체들은 온몸의 세포에 두루 저장되어 각인되면서 오장육부에 특정 감정들이 집중적으로 군락을 이루어 추가로 들어오는 정보에 반응하며 반복적으로 식(識)을 축척하여 정신 작용과 신체 반응 작용을 증가시킨다.
 분노나 화는 간과 담낭에 군락을 이루고, 사랑과 열정은 심장과 소장에, 슬픔과 연민은 폐와 대장에, 두려움, 공포는 신장과 방광에, 불안, 초조, 싫음은 비, 위장에 군락을 짓는다.

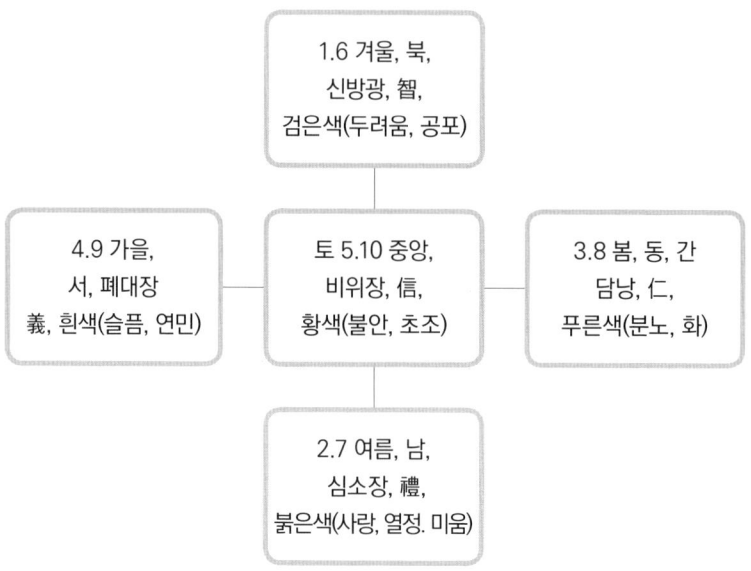

　예를 들어 화를 많이 내면 간댕이가 부었다, 라는 말이 있으며 두렵고 공포를 느끼면 오줌을 지린다는 말이 감정과 장부의 관계를 잘 표현한 것이라 생각된다. 상념체의 특정 장부에 과도한 뭉침 현상은 기(氣)가 막히는 현상이 발생하여 장부의 허실(虛失) 관계로 나타나 질병이나 통증을 유발하기도 한다.
　그래서 기혈을 조화롭게 하기 위하여 우리는 침이나 뜸. 탕약 등으로 기의 흐름을 조절하기도 한다.

　인간의 모든 생각(정보)과 감정을 수록하고 있는 것을 DNA라고 하는데 왜 끊임없이 대를 이어 정보를 전달하는 것인지 궁금하지 않을 수 없다. 인연 따라 기합(假合)된 것이 생각(정보) 감정이라는 괴물이 되어 사람을 숙주로 삼아 인간세계를 지배하고 다음 세대로 이어져 나가니 말이다.

  불가(佛家)에서는 생각을 번뇌(煩惱), 또는 '마구니'라고 한다. 생각과 번뇌(煩惱)는 이미지가 있어야 힘이 생긴다. 따라서 '마구니'는 이미지(감정)라고 해야 더 정확하다.
  아무튼, 생각이라는 괴물의 마구니는 실제로 부처님께서 수행할 당시 나타나 부처님의 수행을 방해하였다고 한다. 그들도 형체를 갖췄으니 하나의 존재로서 부처님이 수행하시면 사라져야 하니 싫었던 모양이다.

  모든 존재는 형체를 갖추면 인간에게 긍정적이든 부정적이든 항상성에 의해 그 상태를 유지하려는 습성이 있다. 그래서 우리가 습관을 바꾸기가 그렇게 힘이 드는 것이다. 이러한 생각의 습성을 훤히 꿰뚫고 계시던 부처님께서 그들에게 "집 짓는 자들이여, 나는 너의 정체를 알고 있다." 이렇게 말씀하시며 마구니들을 물리치셨다고 한다.

  예수님께서 겪은, 광야의 40일 기도에서의 끊임없는 마귀들의 유혹도 6·6·6.으로 형성된 가아(假我)의 속삭임이 아닐까 생각해 본다. 그렇다! 감정이라는 괴물은 생존에 필요한 물질세계인 땅의 특성을 파악한 뒤에는 비 물질세계로 의식이 성장할 때에는 버려야 될 존재들이다.

그리고 마음의 형성 과정 중 중요한 사실이 하나 더 있다. 인식(認識)과 생각은 뇌의 작용이지만 서로 다른 기능의 정신 작용이다. 물론, 상호 보완 작용을 하지만, 인식(認識)은 주의(主意)가 실재적으로 외부 색(色)의 정보나 식(識)에 입력된 정보에 접(接)하여 인지(認知)하는 정신 작용이며, 생각은 상상력(想像力)의 범주로서 외부정보를 접했을 때, 식(識)으로 자리 잡은 이미지들을 조합하고 영(靈)의 생명력 작용 중 하나인 알아차림이 작용하여 창의적 생각과 문제의 해결점을 찾고 현실을 판단하고 미래를 예단하는 정신 작용을 한다.

불가(佛家)에서는 제8식 아뢰야식을 윤회(輪迴)의 밑천이 되는 의식의 단계로 표현하며 또 습관(習慣)을 내포하고 있다. 이로써 마음이 형성되는 과정과 작용을 알아보았다.

④ 마음의 발달

우리나라에는 새 생명이 잉태되는 시점부터 태교라는 교육을 시작한다. 태아가 전인적(全人的)인 인간으로 성장하기를 바라는 조상들의 깊은 생명 존중의 뜻이 있었음을 알 수 있다. 심지어는 입태일(入胎日)을 택일까지 하면서 새 생명을 지구로 초대하는 데 무척이나 신경을 썼다.

태어나서 10년 좋은 스승님에게 공부하는 것보다 10달 태중(胎中)에 있을 때 태교(胎教)가 더 중요하다는 말이 있다. 이런 내용은 『태교 신기』 등 옛 태교에 관한 책에 잘 나타나 있으며, 우리나라의 전통 육아 방법인 『단동십훈(檀童十訓)』 등에 잘 표현되어 있다.

태교(胎敎)를 통해 태아(胎兒)도 외부 자극이나 정보를 받아들이고 있다는 것을 알 수 있다. 임산부의 생각, 감정과 섭생은 고스란히 탯줄을 통하여 태아(胎兒)에게 전달되어 태아의 식(識)에 저장이 되며 출생 후 성장하면서 무의식적인 행동으로 표출되기 때문에 임산부는 태아의 성품과 습관 형성을 위해 여러 가지 삼가야 할 것들이 많았다.

위 내용으로만 보아 우리 조상들은 인간의 의식 발달과정을 태중부터 시작한 것은 이미 생명이 형성되면 어떠한 형태로든 외부정보를 받아들여 평생 삶을 좌우하는 습관으로 고착된다는 것을 이미 알고 있었기 때문일 것이다. 이처럼 인간의 발달과정을 정확하게 꿰뚫고 있었다는 사실이 존경스러울 따름이다.

그리고 인간 생명에 대한 경외심과 생명이 커가는 과정을 그 당시 빈부귀천에 상관없이 모두 공통된 상식이고 보편적 삶이고 생활이었다는 것이 더욱 놀라운 사실이다.

옛말에 세 살 버릇 여든까지 간다는 말이 있다.
왜 이런 말이 있었을까? 태아 시기나 유아 시기에는 기질과 본능 외에 받은 정보가 거의 없어 식(識)이 깨끗한 백지상태라고 한 바가 있다.
그래서 유아기의 아이가 보는 모든 것은 옳고 그름의 판단 능력이 거의 없으므로 그대로 무의식으로 받아들이기 때문에 체화(體化)되어 습관으로 굳어지게 된다.
 이렇게 형성된 습관은 평생의 삶에 작용한다.

 이것은 상당히 의미가 있는 이야기이다.
 그래서 유아 때 형성된 나쁜 습관을 교정하기가 매우 힘이 든다. 태아는 출생과 동시에 뇌세포가 1,000억 개에 이른다고 한다. 이후로 아기가 성장하면서 다양한 주변 정보를 스펀지가 물을 흡수하듯이 받아들여 식(識)에 저장하며 두뇌의 기능이 활발하게 분화되기 시작한다.

 그래서 이 시기 양육자의 생각과 행동 방식은 아이들의 성격과 습관 형성에 지대한 영향을 준다. 그리고 이때 뇌의 시냅스는 무한정 분화해 많게는 약 10조 개~약 100조 개에 이르기도 한다고 한다. 우뇌는 사물 전체를 통으로 이미지화하여 그림 보듯이 보고, 좌 뇌는 그것을 구분 짓고, 개념 짓고, 계산하고, 논리의 기능을 주로 한다. 이렇게 우뇌와 좌뇌의 긴밀한 협력으로 '나'라는 연기(緣起)에 의해 개체성을 형성해 나간다.

 만 4~5세가 되면 좌뇌와 우뇌를 연결 짓는 뇌량이라는 것이 완성되어 더욱 활발하게 외부정보를 분석 정리하면서 빠르게 정보를 습득해 나가기 시작하며 인간만이 가지고 있는 대뇌피질이 거의 완성된다. 이 시기에 아이는 말릴 수 없을 정도로 호기심도 많아지고 타고난 혈기가 아직 자리를 잡지 못하여 마치 ADHD와 비슷한 현상이 나타나기도 하고, 예고성이 강하게 나타나기 시작한다.

예고성을 가짐으로 인간은 서로 소통을 하고 집단을 이룰 수 있으며 문명을 창조할 수 있는 힘이 생긴 것이다.

7세가 되면 이미 본인의 호불호(好不好)가 분명해지며 자신의 의사를 피력할 정도로 자아와 에고가 성장한다. 이때 나온 속담이 '남녀칠세부동석'이다. 일곱 살이 되면 남녀의 의미를 안다고 한다. 또 이 시기에는 이기적 자아가 강해서 미운 일곱 살이라고도 한다.

15~6세에 이르러서는 신체의 생물학적 성장과 각인된 감정의 과다로 이성의 통제를 벗어나 감정의 작용이 훨씬 강하게 작용하는 사춘기에 돌입한다. 그리고 서서히 시냅스는 활성화된다. 만 29세 이후에는 두뇌의 발달은 거의 멈추고, 본인이 호기심이나 끌림이 있는 분야의 시냅스는 더욱 발달하고 관심 없는 시냅스들이 축소되고 정리되는 시냅스 가지치기가 이루어진다고 한다.

나이가 들어 관심 분야의 시냅스만 두껍게 발달되면 고정관념과 신념이 강해지고 어쩌면 고집스러운 면도 보이게 된다.

마음의 발달은 개체의 생존이라는 이기심(利己心)으로 출발하여 생존권이 확보된 뒤에는 이기심이 밖으로 향(向)하면서 이타심(利他心)으로 변하여 개체의 이기심이 전체의 이기심으로 의식이 확장된다. 모든 기본적인 욕구가 충족되면 자아실현의 욕구가 생기는데 이 기심에서 이타심으로 이기가 확장되는 현상을 뜻하는 말이라고 생각한다. 이것은 땅의 습성을 버리고 하늘의 습성으로 의식이 진화되는 과정과 결이 같다.

 유아 청소년기 시절에는 다이내믹하게 많은 양의 정보가 입력되기 때문에 하루 시간이 길게 느끼지만, 나이가 들면 입력되는 정보가 적고 단순해져 하루 시간이 짧게 느껴진다. 그래서 시간이 본래 존재하지 않지만, 내면의 시간성이 생겨나면 그 시간성은 상대적 시간성을 가지게 된다.

 시간은 고정되어 있지만, 마음(감정)이 우울하면 마음의 무게가 중력의 영향을 받아 시간이 늦게 흐르는 듯하고 반대로 즐거우면 상대적으로 시간이 빨리 지나가는 것처럼 느껴진다.
 그래서 우리가 시간이라고 알고 있는 것은 상대성을 가진다. 이것은 생존에 매우 중요한 것이며 없어서는 안 되는 정신 작용이다.

4장

감정

감정은 현상을 창조하는 질료이며, 기억을 저장하는 방식으로 가장 유용하게 사용되었던 것이다.

1 생존 전략

　전에도 기술한 바 있지만, 인류의 모든 행위는 '생존'이라는 화두를 벗어나서 존재할 수 없다고 한 바가 있다. 찬란한 과학과 문명도 또 다른 방식의 생존 방식 중 하나일 뿐이며, 깨달음조차도 생존의 방식 중 하나일 뿐이다.
　인류 생존 전략의 역사에 대하여 간단하게 이해하는 시간을 가짐으로써 왜 인간이 감정을 사용했고 정형화를 시킬 수밖에 없었던 배경을 알아보자.

　지구상의 모든 유기체는 환경에 적응하고 생존을 위해 최적화된 생존 전략을 사용하여 생명 연장과 종(種)의 연속성을 도모한다.
　인간도 예외는 아니다. 인간이 지구에 출몰한 이후 가장 열악한 물리적 신체조건 속에서 지구상에 최상의 포식자로 군림할 수 있었던 가장 큰 생존 전략은 바로 '감정'을 생존 전략의 도구로 사용했던 것이다. 생존 전략으로써 감정의 사용은 타 종(種)들보다 생존과 적응에 가장 탁월하고 우수하였다고 볼 수 있다.

　특히, 불안과 만족이라는 감정의 사용은 인간이 생존율을 높이는 가장 최고의 생존 전략이었을 것으로 사료된다.
　불안이라는 감정은 위험에 노출된 상황을 강렬하게 뇌리에 각인시키고 비슷한 상황이 되면 빠른 속도로 기억을 소환하여 상황을 유리하게 대처할 수 있도록 하는 데 가장 유용하게 사용되었던 가장 강력한 정신 기전 중 하나이다.

이러한 상황 대처에 적당한 속담이 있다. "자라 보고 놀란 가슴 솥 뚜껑 보고 놀란다."

그만큼 '위험에 처했을 때 빠르게 위험에서부터 벗어나고 생존을 확보하는 것이 우선이다'라는 것을 단적으로 보여 주는 격언이라 생각된다.

불안과 만족이라는 감정 사용이 되풀이되면서 안전한 생존이 확보되었으므로, '감정'에 의존한 삶의 방식이 인류에게 정착된 것으로 생각된다.

인류의 의식이 비약적으로 발전하고 진화하게 된 계기는 불의 발견 이후 생식 위주의 먹이 활동에서 화식(火食)으로 인한 먹이 활동 시간 단축이 중요하게 작용한 것으로 보인다.

화식(火食)으로 딱딱하고 질긴 먹이에서 부드럽고 칼로리가 높은 먹이 활동으로 변화되어 먹이 활동 시간의 단축을 가져왔고, 턱뼈의 사용이 적어지면서 두뇌 구조와 기능의 변화를 가져왔다. 그래서 다양한 사고를 할 수 있게 되었으며, 두뇌의 사고 영역이 발달하면서 새로운 생활 방식의 문명을 탄생시킬 수 있는 가장 큰 전환점이 된 주된 원인은 화식(火食)이었다.

이후로 인간 두뇌의 변화는 문명과 의·과학의 발달로 연결되어 인류의 삶에 다양한 편의를 제공하여 주었다.

코비드 시대와 메타버스 시대의 경계 위에 서 있는 지금은 우리 인류의 생존 전략을 수정해야만 될 때라고 생각한다. 지금까지의 인류가 고형화되고 정형화된 거친 감정을 동력으로 생존전략으로 사용했다면 앞으로 오는 시대는 정형화된 감정을 와해하여 고운 감정 에너지인 근원에너지 의식으로 나아가야만 '자연보건면역인자'로 거듭나 우주 자연환경에 가장 완벽하게 적응과 생존을 할 수 있을 것이다.

그러면 지금과는 전혀 다른 생존과 적응 방식으로 진화하는 새로운 인류인 '신인류'가 탄생하게 되는 것이다.

2 사람과 天地의 특성

감정이 형성되는 과정을 이해하려면 하늘과 땅 고유의 역할과 특성을 이해해야 한다. 하늘과 땅은 사실 분리할 수도 분리될 수도 없다.

다만, 에너지의 얽힘 현상이 고정되지 않은 것을 하늘(天)이라 하고 에너지 얽힘이 정형화된 것을 땅(地)이라 할 뿐이다. 이것은 인지 기능의 한계가 있는 사람의 눈으로 볼 때 확연히 드러나 보인다. 그러다 보니 하늘과 땅의 특성이 생겨났다.

하늘(天)과 땅(地)의 상생상극(相生相剋)으로 인하여 생성된 산천초목과 인간을 포함한 만물(萬物)이 나타나게 된 것이다.

그래서 하늘(天)과 땅(地)의 특성을 먼저 알아봐야 한다. 하늘의 특성은 시공이 없고, 에너지 얽힘 현상이 전혀 없는 상태로 인연과 조건만 닿으면 무엇이든지 생성될 수 있는 무의 화기(無矣和氣)인 생명력으로 가득 찬 특성을 가지고 있다. 불가에서는 이 자리를 공(空) 또 법신(法身)이라 했다.

땅의 특성은 움츠리고, 모으고, 한정 짓고, 시공이 존재하고, 에너지의 얽힘 현상이 뚜렷이 있고, 생사(生死)가 있고, 괴로움이 있는 특성을 가지고 있다. 사람을 포함한 지구의 유기체는 기질에 따라 약간의 차이는 있지만 하늘과 땅의 특성 두 가지를 동시에 가지고 탄생한다. 하늘의 에너지와 땅의 에너지의 상호작용을 통해 인간은 생명 활동을 이어나갈 수 있으며 개체로서 생로병사(生老病死)를 경험하게 된다.

사람은 아래와 같이 하늘의 특성과 땅의 특성을 모두 가지고 태어난다.

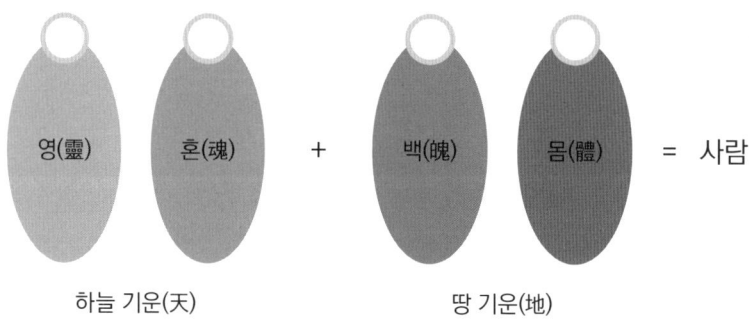

영, 혼, 백, 체 이 네 가지 에너지가 원융무애(圓融無碍)하게 중첩되어 결합된 상태를 사람이라고 한다.

영과 혼은 하늘의 에너지이고 백과 몸은 땅의 에너지에 속한다.

영(靈)과 혼(魂) 가운데 영(靈)은 하늘 기운이고 혼(魂)은 땅의 기운과 가깝다.

백(魄)과 몸(體)은 땅의 기운이고 백(魄)은 하늘 기운에 가깝고 몸은 땅의 기운이다. 여기서 중요한 것은 혼(魂)과 백(魄)이 유기적 관계일 때 생명현상이 유지되며 사람으로 살아 있다고 하는 것이다. 이것이 서로 분리되면 혼비백산(魂飛魄散)하게 되며 생명 현상이 끊어지고 생물학적으로 죽음이라고 한다.

이렇게 개체성을 띨 때 영(靈)은 생명력의 근원이며 불교에서는 9식 암마라식이라 하고 불성(佛性)과 보신(保身)이라고 하며 알아차림의 주체가 된다. 기독교에서는 성령(聖靈)이라고 하고, 우리 조상님들은 본성(本性)이라고 불렀다.

혼(魂)은 식(識)의 보따리이며 본능과 기질의 정신 작용을 하며 오온(五蘊)에서 생성되는 상념체를 7식 말나식, 8식 아뢰야식에 저장하는 정보의 저장 창고(藏)가 된다. 제8식 아뢰야식은 윤회(輪廻)에 밑천이 된다고 한다.

백(魄)은 체내(體內)에서 하늘 기운이 다니는 길이며 우리가 잘 알고 있는 기경 8맥과 12경락이 이곳에 속한다고 보면 된다. 하늘 기운이 다니는 길이 막히면 기(氣)가 막힌다고 한다.

개체 입장에서 몸(體)은 가장 중요한 것으로서 몸이 있어야, 하늘도 존재하고 도(道)도 존재하고, 이 세상 모든 것이 존재할 수 있는 그릇이 되는 것이다. 땅의 기운을 응집해 놓아 개체성이 확립된 것이라 보면 맞는다. 우주의 여집합이 될 수 있는 의식을 담는 그릇이라고 할 수 있다.

하늘과 땅의 에너지가 유기적으로 상호 작용해야, 땅에서 얻은 에너지와 하늘의 에너지가 서로 화학적, 물리적 변화로 전환되어야 생명 현상이 유지가 된다. 이를테면 땅에서 섭취한 포도당이 인슐린과 하늘 기운인 산소가 만나 세포로 가면 미토콘드리아의 화학 작용을 일으켜 ATP라는 활동 에너지를 얻는 것과 같은 것이다.

문제는 사람이 태어나서 가장 먼저 습득하는 것은 땅의 특성인 시공간성과 에고성이며 이를 통해 생존 가능성을 확보해야 된다는 것이다.
시간성이 있다는 것은 괴로움이 있다는 것을 말하는 것이다.
그래서 개체의 생존이 시작됨과 동시에 괴로움도 동반된다. 생존이 확보된 뒤부터는 점차 괴로움이 있는 땅의 특성을 버리고 에너지 얽힘과 괴로움이 없는 특성을 가진 하늘 에너지 차원으로 의식을 이동하여야 한다.
이것은 시공간성에 갇혀 生과 死, 괴로움을 받고 지옥(地獄)에 사느냐, 시공간성을 벗어나 괴로움을 소멸하고 생사(生死)의 고리를 끊어 천국(天國)과 극락(極樂)에 존재하느냐의 문제이다.

우리가 흔히 지옥(地獄)이라고 하면 사후(死後)에 가는 엄청 무서운 곳으로 아는데 사실은 땅의 특성인 시공간에 갇혀 사는 상태가 지옥(地獄)에 사는 것이다. 살아서나 죽어서도 땅의 특성인 시공간성에 머물게 되면 그것이 곧 지옥(地獄)이 되는 셈이나.

③ 감정의 생성

하늘 기운이 백(魄)이라는 통로로 순환을 할 때 욕망과 저항 그리고 어떠한 자극(놀람)이나 충격이 주어지면 하늘 기운이 백(魄)이라는 통로에서 기결(氣結:기 뭉침) 현상인 화학적 변화가 발생한다.

기결(氣結)되어 화학적 변화가 이루어지며 체내에서 '감정'이라는 물질이 생성되는 것이다.

이를테면 안이 따듯하고 밖이 차가우면 유리에 결로(結露)현상이 생기듯 하늘 기운과 땅 기운이 만나 어떠한 크기의 자극(욕망(좋다), 저항(싫다))을 주면 '감정'이라는 화학적 물질이 생성되는 이치이다. 우리의 삶은 매일 새로운 정보로 가득 찬 일상을 보낸다. 반복되는 일상이라고 생각하더라도 같은 것은 이 세상에 존재하지 않는다. 매시, 매분, 매시, 매초 다른 일들이 일어나는 것이다.

인간 감정의 형성 질료는 에너지 얽힘이 없는 전체성을 띤 고운 파동의 감정으로 출발해 개체성을 형성하는 거친 파동의 감정으로 정형화되어 간다.

'감정'의 주된 역할은 기억을 효율적으로 '각인'하는 것에 있으며 '상상력'이라는 정신 작용의 기반이 되는 것이다. 그리고 가장 중요한 것은 '감정'은 생명의 본질인 무아(無我)가 중심이 된 삶을 살지 못하게 하고, 오온(五蘊)으로 형성된 가아(假我) 중심의 온갖 괴로움을 받으며 오온(五蘊)이 나라고 착각하며 삶을 살도록 무아(無我)를 가아(假我)에 붙들어 놓는 접착제 역할을 한다. 또한, 감정은 항상 끊임없이 충족을 원하는 특성도 가지고 있다. 감정은 욕구의 또 다른 표현이며, 기쁨이든, 슬픔이든, 충족되어야만 해소된다. 해소되지 않거나 충족되지 않은 감정은 언젠가는 또 다른 형태로라도 충족시킬 것을 강요하거나 질병의 형태로 자신의 존재감을 드러낸다. 하지만 사람들은 그것이 충족되지 않은 감정의 장난이라는 것을 알지 못한다.

 감정에 강한 자극이 있거나, 반복 자극을 주어 감정에 진동 밀도를 올리고, 마음에 큰 충격을 받으면 기억이 오래 간다. 심지어는 감정에 너무나 갑작스레 예견할 수 없는 큰 충격이 오면 감당하기 힘든 트라우마, PTSD, 공황장애가 발생되기도 한다.
 여기서 보고 듣고, 냄새 맡고, 느끼고, 맛보고 등의 일련의 학습과 경험의 순서대로 이미지가 덧입혀지는 순서가 곧 우리의 의식 속에서 시공간성을 만드는 것이다. 감정이 형성되면 이것도 하나의 고유한 파동을 갖고 계속 존재하려는 항상성에 의해 존재를 유지해 나간다. 감정의 특성으로 인해 과거, 현재, 미래라는 시공간성이 만들어지는 것이다.

 '감정'은 인간의 삶 속에서 다양한 기능을 하며 모든 문명을 창조할 수 있는 원동력이 되었으며 심지어는 깨달음이라는 구도의 길마저도 감정이 없었다면 존재하지 못했을 것이다. '감정'은 인류 문명의 모든 창조물의 근원이 되는 것이다. '감정'은 '시공간'의 또 다른 이름이 되기도 한다.

4 관점(점유와 공유)

마음의 생성 원리에서 설명하였듯이 외부정보 하나하나에 욕망과 저항, 호불호(好不好)를 나누어 이미지화한다고 설명한 바가 있다. 본성의 기질과 태중의 경험 그리고 출생 후 지금까지 경험과 학습 과정에서 형성되어 식(識)에 저장된 정보의 총체로 세상을 보는 것을 '관점'이라고 하며 나만의 색깔을 갖는 '가치관'이라고도 한다.

그래서 누구나 살아온 삶이 다르기 때문에 보는 관점도 가치관도 다르다. 서로 다른 색깔의 선글라스를 끼고 세상을 보는 것과 유사한 것이라 할 수 있다.

'관점'은 또한 어떠한 외부정보를 받아들여 그 정보를 '자기화' 또는 '주관화'하는 과정에서 판단의 기준이 된다. 심 부재언(心 不在焉)이면 목 불견(目 不見)이라는 말이 있다.

이 내용은 마음이 없으면 눈이 있어도 보지 못한다는 뜻으로 '관점'의 특성을 잘 반영한 글이다.

'관점'은 저절로 본인의 마음으로 형성된 것이기 때문에 본인이 관심 있는 부분만 보게 되어 있다. 어쩌면 자기 한정 속에 갇혀진 상태라고 할 수 있다.

여러 명이 같은 장소에서 같은 것을 보고 들어도 서로 다른 기억을 가지는 이유는 첫째는 주변 환경의 빛의 세기와 어느 위치에서 보느냐에 따라 착시현상으로 1차 왜곡 현상이 발생하고, 둘째는 각자 자기 관점 또는 자기의 심리상태에서 그렇게 착시현상으로 입력된 외부정보를 해석하여 '자기화' 또는 '주관화' 할 때 2차 왜곡을 하기 때문이다.

내가 기억한 것이 꼭 사실만을 기억하는 것은 아니다. 관점의 차이는 현실을 인식하는 차이를 만들게 된다.

그래서 사람은 모두가 평등하지만, 의식 수준에는 차이가 있다. 중첩된 시공간 즉 의식의 어느 한 차원을 점유하게 될 때 그것은 그 사람의 '관점'이 형성되고 '가치관'이 형성되는 것이다.

각기 의식의 어떠한 차원을 점유하느냐에 따라 '관점'의 차이가 발생한다. 따라서 사람은 의식 수준의 차이가 있을 수밖에 없다.

관점의 차이는 세상을 이해하는 수준이며 이로 인해 서로 소통이 안 되고 서로의 관점과 관점이 대립하면 개인은 다툼이 발생하고 국가와 국가 사이에는 전쟁이 발생하는 것이다. 관점이 다르면 같은 공간에서 똑같은 현상을 보고도 제각기 다른 기억과 느낌을 가지게 된다. 그것은 서로 다른 시공간을 점유하는 관점의 차이 때문이다.

그래서 같은 시공간의 관점을 공유하기 위해서 학습, 같은 경험. 토론. 설득, 대화 등 다양한 소통을 통하여 같은 관점을 갖고 동질감을 공유하려고 하는 것이다. 예를 들어 학교 동아리 각종 단체나 협회 모임, 마을 국가 등 각자 의식의 차원은 다르다 하더라도 집단의식에서 동질감을 느끼는 차원을 공유하기 때문에 다른 부류보다 더욱 강한 동질감과 친밀감을 느끼며 심리적 안정과 안전을 확보하는 정서적 결합이 되는 것이다.

이것이 사회 현상으로 학연, 지연 등이 되고 외국에 나가서 일면식도 없는 같은 한국인을 만나더라도 너없이 반가움을 느끼는 이유이기도 하다. 이것은 심리적으로 매우 안정감을 줄 뿐 아니라 삶을 풍요롭게 하는 생존의 심리적 안전 기전인 것이다.

우리나라에서는 이러한 것에 대하여 아주 재미있고 새겨들을 만한 속담이나 격언들이 존재한다.

끼리끼리 논다, 유유상종이다 등 그리고 결정적으로 다음 속담이 이런 이야기를 뒷받침하여 준다.

"신선놀음에 도끼 자루 썩는 줄 모른다."

이 속담은 다양한 해석이 가능한 속담이다.

자기가 좋아하는 일에 몰입하면 시간성을 초월하는 경우가 가끔 있다. 삶을 살면서 이러한 경험도 일상에서 가끔씩 하는 경우가 있다.

필자는 이것을 이렇게 한 번 해석해 보았다.

신선들이 사용하는 시공간의 차원과 인간이 사용하는 시공간의 차원은 서로 다르다. 나무꾼이 공교롭게 신선들이 사용하는 의식의 차원을 공유하게 되면서 인간계의 시간 흐름에서 벗어나서 신선들의 시공간의 차원과 공명 현상으로 인한 차원의 공유를 한 것이 아닌가 하는 생각이 든다. 그러니까 놀더라도 의식 차원이 높은 사람들과 어울리고 세속에서 부자가 되고 싶으면 부자들과 어울리라는 말과도 일맥상통하는 속담인 듯하다. 누구나 이 세상에 몸을 갖고 태어나는 이상 이러한 관점과 가치관을 형성하는 것은 생존을 위한 불가피한 정신작용이다.

5 야누스(감정의 두 얼굴)

감정은 희, 노, 애, 락(喜怒哀樂)이라는 다양한 이름표를 달고 다양한 얼굴을 하고 있다.

어느 때는 죽고 싶을 정도로 괴롭게 하다가도 또 어느 때는 모든 것을 잊을 정도로 기쁨과 행복을 주기도 하면서 묘(妙)하게 두 얼굴을 하고 있다.

마음(감정)의 또 다른 표현들

트라우마, 공황장애, 불안 강박, 우울, 조울 등도 다양한 병명이 있지만, 가만히 보면 감정의 또 다른 얼굴과 표현일 뿐 그 뿌리는 '감정'이라는 것을 알 수 있다

그래서 우리는 감정의 괴물에 속고 있다. 생각을 잘못해서 힘들다.

아니면 욕심을 부려서 힘들다. 시비분별을 하지 마라, 깨달아라 등 이런 세속의 가르침이나 종교적 가르침으로 위장을 하여 우리의 '주의'를 빼앗고 자신의 잘못으로 합리화시켜 교묘하게 감정의 실체를 감추고 엉뚱한 곳에서 헤매게 하고 있다.

이제 핀셋으로 감정이라는 놈을 콕 찍어내서 트라우마. 공황장애. 불안, 우울. 조울 등으로 나누지 말고 그냥 감정 자체를 통째로 와해를 해야 한다. 그리고 우리가 잘못 알고 있는 것은 이것만이 아니다. 우리는 흔히 모든 감정은 뇌에서 컨트롤할 수 있다고 알고 있다. 맞기도 하지만 틀린 말이기도 하다.

물론, 처음 정보가 들어왔을 때 우뇌의 지원을 받아 좌뇌가 분석하고, 한정 짓고, 해석한 부분에 감정이라는 이미지를 만들어 기억을 각인하는 데 도움을 준다. 하지만, 이것이 세포로 이동한 다음에는, 이성 통제 임계점을 넘어버리면 뇌에서 통제하는 것은 거의 불가능한 상태가 된다. 이를테면 우리가 화가 난 상태를 한번 생각해 보자. 생각으로는 그만 멈춰야지 하면 화가 멈춰지던가? 화가 나는 것은 이미 이성과 뇌의 통제를 벗어나 몸이 반응하는 것이다. 각종 우발적 범죄가 이에 속할 수 있다.

트라우마, 공황장애, 불안, 우울, 조울 등도 마찬가지이다. 내가 생각으로 그만하자고 해서 그만할 수 있는 것이 아니라는 것을 우리는 경험을 통해 알고 있다.

두뇌는 세포에서 반응하는 감정의 느낌을 통합하고 이에 따른 대응 정보를 전달하는 총사령탑의 기능을 한다. 이성적 통제를 벗어나 몸에서 일어나는 감정의 발동은 순간적이고 즉시 반응하며, 그 에너지가 상쇄될 때까지는 감정 상태에 휩싸여 빠져나올 수가 없다.

이성으로 감정을 통제하기는 여간 힘든 게 아니며 결국은 감정을 이기지 못하고 억누르면, 억눌린 감정에 의해 질병과 괴로움이라는 엄청난 대가를 치르게 된다. 그래서 인생 후반에 들면 마음으로 인한 질병을 하나 이상을 가지고 있다.

인생은 앞으로 남는 듯, 하지만 결국은 뒤로 밑지는 장사를 하는 셈이다.

6 계륵

마음의 형성 과정에 대하여 알아볼 때 가장 중요하게 보아야 할 대목이 바로 상(想)이 형성될 때 이미지(감정)가 덧입혀지는 과정이다. 이것은 오온(五蘊)의 마음 형성 과정에서 모든 괴로움의 원인이 되는 것으로 이것을 어떻게 처리해야만 괴로움에서 벗어나는지에 대한 가장 핵심적인 문제이다.

이 덧입혀지는 이미지(감정)만 원만히 해결할 수 있다면 우리는 더 이상 추상적인 상상력의 산물인 종교나 신에 의존하지 않을 수 있고, 나 스스로가 우주의 주인공으로서 내가 나로서 존재할 수 있기 때문이다. 이미지가 덧입혀져 성념체가 형성될 때 이미지를 또 다른 말로 하면 '감정'이라고 할 수 있으며 중첩된 시공간의 정형화라고 표현해도 무방하다.

이미지 = 감정 = 시공간 정형화

감정은 인류에게 정말 중요한 역할을 했다.

생존 전략으로서 감정의 사용은 탁월한 선택이면서도 가장 강렬한 도구가 된 것은 의심할 여지가 없다.

다양한 형태의 지적 성장과 문명을 만들고 여러 분야를 발전시키는 데 가장 큰 원동력이 되었다.

감정은 인간의 의식에서 시공간성을 만드는 질료이고 현실을 창조하는 질료이기도 하다. 인간에게는 가장 큰 괴로움의 원흉이기도 하며 깨달음의 핵심 문제이기도 하다. 또한, 심인성 질환과 각종 정신 심리적 문제를 만드는 데 중추적인 역할도 했다.

이 감정만 와해가 되면 인류의 정신적 괴로움과 대부분의 심인성 질환은 사라지게 될 것이다.

감정의 와해는 불교가 추구하는 이고득락(離苦得樂)과 영적 성장, 그리고 모든 괴로움에서 벗어나는 핵심을 일이관지(一以貫之)할 수 있는 요소가 된다.

인간은 다른 유기체들과 달리 감정 의존도가 가장 높은 존재이다. 감정은 행복과 사랑을 느끼게도 하는 것이니 버릴 수도 없고 그렇다고 괴로움을 안고 안 버릴 수도 없는 한마디로 '계륵'과도 같은 것이라 할 수 있다.

7 중용(中庸)에서의 감정

여러 경전 중 유일하게 '감정'에 대하여 직접적이고 구체적으로 기술되어 있는 경전은 유교 경전 중 중용(中庸)뿐이다.

우주의 에너지를 여러 종교에서 다양하게 표현을 한다. 불교에서는 공(空) 또는 법신(法身), 유교에서는 본성(本性) 또는 양심(良心), 도교에서는 곡신(谷神), 기독교에서는 하나님으로 표현하기도 한다.

하지만, 이곳을 희노애락(喜怒哀樂)의 감정이 발현되기 전(前)을 중(中)이라고 하여 에너지 얽힘이 없는 고운 입자 상태의 감정으로 표현하고 희노애락으로 발현되었을 때, 거친 입자의 에너지 상태여서 위험하므로 최적화하여 적절하게 사용하는 방법을 화(化)라고 하여 감정의 정의와 감정 사용 방법을 잘 설해놓은 유일한 경전이 『중용(中庸)』이다.

필자가 줄곧 이야기하고자 하는 것이 '감정'에 대한 것이기에 특별히 애착이 가고 필자의 '감정와해기법'의 도식을 뒷받침해 줄 수 있는 근거가 되기도 하여 기쁘기도 하다. 또한, 불교 경전인 금강경 사구게 중 응무소주이생기심(應無所住 以生起心)과 다르지 않으며 감정을 사용함에 있어, 괴로움 없이 사용하는 방법을 기술하여 놓은 것이어서 이 대목을 발췌하여 글로 옮겨 보았다.

다음 구절을 한번 보자.

**희노애락지 미발위지중(喜怒哀樂之未發謂之中)이요
발이개중절 위지화(發以皆中節謂之化)이다.**

희노애락지 미발위지중(喜怒哀樂之未發謂中)은
희노애락의 감정이 일어나지 않은 상태 즉 에너지 얽힘이 없는 상태를 중(中)이라고 하고,
발이개중절 위지화(發以皆中節謂之化)는 감정이 일어날 때 즉 에너지가 정형화될 때 절도에 맞춰 발현하는 것을 화(化)라고 한다.

이 대목을 보면 감정의 정의와 감정 사용 방법을 아주 정확하게 표현해놓은 대목이다. 인간의 괴로움의 원인이 감정이라고 정확하게 지목하며 이것을 사용함에 있어 구구절절한 설명이 아니라 간단하고 간결하게 군더더기 없이 감정 자체를 가장 완벽하게 설명해 놓았다.
이것은 우주 삼라만상과 인간의 감정이 둘이 아니라(不二)는 가르침을 내포하고 있다.
이 의미를 잘 파악하고 현실에서 구현한다면 지금의 팬데믹과 같은 중차대한 문제를 해결할 수 있는 해답이 이곳에 있다. 그것을 어떻게 우리의 삶 속에서 구현할 것인가에 대한 방법론으로 종교의 신앙, 기도, 참선, 명상 등 다양한 도구들을 활용하고 있다.

하지만, 이러한 방법은 현재에 이르러서는 궁극적인 방법으로의 해답은 되지 못하는 실정이다.

이제는 새로운 보편적이고 상식적인 누구나 다 할 수 있는 수학 공식과 같은 의식 기법이 절실히 필요한 때가 되었다.

8 생각

생각하면 무엇이 떠오르는가?
생각은 무엇일까?
생각이 무엇인지 생각을 해본 사람은 드물 것이다.
생각은 마음의 형성 과정에서 정보와 이미지가 결합된 것이 체내 세포에 기억으로 각인되어 있다가 떠오르면 그것이 '생각'이라는 것이 된다고 이야기한 바가 있다.
생각을 하려면 두 가지를 충족시켜야 가능하다.
첫 번째는 외부정보가 세포에 저장될 때 기억으로 저장되고, 이것이 생각으로 떠오르려면 감정이 뒷받침되어야 가능하다.

두 번째는 상상력이다. 상상력이 뒷받침이 안 되면 다양한 생각을 그려 낼 수가 없다.
생각도 크게 두 가지로 분류할 수 있다.
첫 번째는 내가 의도를 가지고 어떠한 것에 대하여 만족할 만한 결과에 도달하는 사유(思惟)를 하는 것이고, 두 번째는 의도하지 않았는데 좋지 않거나 기억하기 싫은 지난 상처들이 불쑥불쑥 시도 때도 없이 생각나는 것, 막연한 불안감으로 인한 꼬리에 꼬리를 무는 생각으로 이것을 잡념 또는 번뇌(煩惱)라고 한다.

이 중에서 두 번째가 사람에게 가장 큰 괴로움을 주는 것으로 문제가 된다. 시도 때도 없이 지나간 일, 안 좋았던 일, 불안한 심리에서 오는 근심 걱정들, 낮에 있었던 안 좋은 일들, 이러한 잡념과 번뇌 때문에 스트레스가 되기도 하고, 정신, 심리적 질환과 수면장애 등으로 발전되기도 한다.

그러나 이러한 문제는 간단하게 해결할 수 있다. 생각은 감정을 와해해 버리면 동력을 상실해서 스스로가 잡념이나 번뇌(煩惱)의 상태로 떠오르지 않고 기억으로만 존재한다. 이 상태가 되면 기억은 연장통 속 연장처럼 필요할 때만 생각으로 꺼내어 사용하고 필요하지 않을 때는 아무런 작용을 하지 않는다. 동력이 상실되었기 때문에 더 이상 잡념이나 번뇌(煩惱)로 작용하지 않고 기억으로만 남는다.

생각의 무게는 얼마나 될까?
생각의 무게는 없다.
다만, 감정과 같이 있을 때는 삶을 지탱하기조차 힘들어 해서는 안 될 선택도 하게 된다. 마음공부를 하는 과정 중에 생각하는 것이 얼마나 귀찮고 힘든 것인지를 알게 된다.
우리는 늘 생각을 하고 살기 때문에 생각하는 것이 얼마나 귀찮고 힘든지 잘 모르고 생각과 감정의 무게를 특별한 일이 아니면 잘 느끼지 못하고 일상을 살지만, 생각이 없어지는 것을 경험하게 되면 생각과 감정의 무게가 정말 무겁다는 사실을 알게 된다.

9 상상력

감정의 다채로운 기능 가운데 하나인 '상상력'은 창의력과 문제 해결 능력을 발휘하고 문화와 문명을 창조하는 데 없어서 안 될 중요한 기능을 담당한다. 만약에 인간이 상상력과 창의력이 없다면 어떠한 유무형의 것들에 대해 가치를 만들 수 없을 뿐만 아니라 문명 건설은 물론, 과학, 의학 등도 발전할 수 없었을 것이다. 현재 우리가 눈앞에 보이는 물건들은 누군가의 머릿속, 상상 속에 존재하던 것이다.

그것이 '주의' 에너지를 집중하여 어느 정도 밀도가 되면 현상에 물상화(物象化)가 되어 나타나게 되는 것이다. 누군가는 현상을 창조하는 질료로 상상력을 사용하는가 하면 누군가는 망상(妄想)으로 사용하는 경우도 있다.

수천만 명 그리고 수억 명이 질서를 가지고 살려면 그만큼 눈에 보이지 않는 것에 대한 가치를 인정하고 상호 신뢰를 기초로 한 대중적 약속과 사회적 합의가 이루어지지 않으면 절대로 불가능한 일이다. 이러한 기능을 수행하려면 '상상력'이란 정신적 기능이 절대로 꼭 필요하다.

자연의 법칙 중 우리가 믿어서 존재하는 것은 인류가 서로의 상상력에 기반하여 보이지 않는 것에 대한 사회적 합의를 거쳐 의미와 가치를 둘 수 있는 것뿐이다. 이를테면 화폐, 법령, 규칙, 문서, 보석, 신(神), 종교(宗敎) 등과 같은 유무형의 것들이다. 예를 들어 돈은 단순히 종이 위에 어떠한 문양을 가진 그림에 불과하다. 하지만, 그것에 관해 공통적인 의미와 가치를 부여함으로써 더 이상 단순한 종이 위의 그림이 아닌 또 다른 의미와 가치를 가지게 되는 것이다.

이것은 순전히 '감정'의 작용이 커지면서 두뇌의 기능이 점점 진화되어 '상상력'이라는 기능이 풍부해져서 가능한 정신 기전이다. 특히, 사람들이 믿는 신앙의 대상인 신(神)에 대한 믿음도 상상력이 빚어낸 하나의 신념의 산물일 뿐, 사실 존재하는 것은 아니다, 라고 필자는 말하고 싶다.

이제 단순히 눈에 보이는 가치 중심 세계에서 눈에 보이지 않는 가상의 가치 중심 세계로 점점 나아간다는 것은 '상상력'이라는 기능이 활성화되어야 가능한 일이다.

'상상력'은 우리에게 다양하고 특별한 능력을 사용하게 하여 우리의 삶을 유익하게 할 수 있는 각종 문명 과학 의학 등을 발전시키는 데 가장 큰 공을 세웠다.

부작용으로는 끊임없는 비교와 추구, 집착을 만들어 삶을 아주 괴롭고 고통스럽게 하는 원흉이 되기도 했다. 벌어지지 않는 일도 상상력이 과하여 일어날 것을 두려워하여 괴로움을 자초하기도 한다. 실제 인간이 걱정하는 것 가운데 실제 일어날 확률은 5% 정도도 안 된다고 한다. 이러한 상상력을 통한 무형의 가치를 부여하고, 겪지 않은 앞일에 대하여 걱정과 두려움을 갖는 행위 또한 생존과 밀접한 관계가 깊다.

상상력을 이용하여 인력(引力)의 법칙이나 끌어당김의 법칙으로 감정을 이용해 이미지화, 시각화하여 원하는 목표를 이루는 도구로써 사용되기도 한다. 이것은 의식이 '감정'을 이용해 식(識)을 속이는 방법이다.

어떤 이들은 이 상상력을 이용하여 수행하는 수행자도 있다.

감정도 하나의 파장의 결합체이기 때문에 강한 상념체로 파동을 분쇄하면 사라질 수 있다. 하지만 결국은 그 상상력은 와해해야 할 감정이기 때문에 궁극의 문제는 해결되지 않는다. 앞으로의 세상은 입력된 정보와 감정의 재조합이나 재정렬 기반의 '상상력'이 아닌 감정을 와해하여 감정의 개입 없는 무한한 근원에너지에 연결된 상상력인 '직관의 능력'으로 바라보아야 한다.

5장

괴로움의 시작

마음이 괴로우면 몸도 괴롭다.

1 괴로움의 시작

이 세상에 땅에 발을 딛지 않고 사는 생명체는 없다. 머리를 땅으로 처박고 사는 식물과 머리를 하늘로 향하는 영장류, 머리를 옆으로 들고 다니는 짐승, 조류 등 모두가 땅을 딛고 환경에 적응하며 목숨을 도모한다.

땅의 특성에 의해 개체의 의식(정신)이 형성되고 감정의 생성으로 인한 시공간성을 가지게 된다. 그 시공간성으로 형성된 육체에 의식이 제한되고 갇히면서 괴로움이 시작되는 것이다.

더욱 세밀하게 괴로움이 작동되는 원리를 보자면 의도적으로 기억을 떠올리거나 불쑥 한 생각이 떠올랐을 때 주의가 그 생각에 닿게 되면 스위치 역할을 해서 기억과 저장된 감정이 발현되며 그에 상응하는 기쁨과 괴로움의 작용이 생긴다. 주로 온몸에 생각, 감정이 동시에 저장되지만, 몸에는 감정이 더 강하게 저장되고 두뇌에는 기억을 빠르게 소환하여 대처하고 사유하기 위해 정보가 더 강하게 저장된다.

불가(佛家)에서는 땅을 딛고 사는 삶 자체가 고통이라 하여 사바(娑婆)세계, 고해(苦海)라 했다. 부처님께서는 고통의 원인은 무명(無明)에서 시작하여 노사(老死)로 이어진 12연기(緣起)로 말씀하셨다. 12연기(緣起) 각 하나하나를 연결하여 하나의 흐름을 만들어 돌고 도는 윤회(輪迴)을 하게 하는 역할을 하는 것이 있는데 그 역할을 '감정'이 하는 것이다. 그래서 12연기(緣起)의 고리를 끊고 윤회(輪迴)의 괴로운 속박에서 벗어나려면 바로 '감정'을 와해하면 된다.

12연기의 윤회 속에서 산다는 것은 지옥(地獄)에서 산다는 것을 일컫는 말이다.

지옥(地獄)은 땅의 특성에 감금된 의식을 말한다.

또한, 불교에서는 모든 괴로움은 인과응보(因果應報)라고 한다. 언뜻 듣기에는 설득력이 있어 보이고 맞는 말인 듯 싶지만, 이것은 완전히 초보적인 해석에 지나지 않는다.

이 세상 모든 유기체는 인과응보(因果應報)의 법칙을 벗어나지 못한다. 그렇다고 괴로움의 직접적인 원인은 아니다.

부처님 또한, 인과응보(因果應報)의 법칙에서 예외가 될 수는 없다. 그렇다면 부처님은 인과(因果)의 괴로움에서 어떻게 벗어나 자유로워지셨는가?

옛날 어느 산사의 법회(法會)에서 "부처님은 인과(因果)가 있습니까?"라는 질문에 설법(說法)을 하던 스님께서 "부처님도 인과(因果)가 있습니다. 다만, 인과(因果)에 어둡지 않습니다."라고 대답했다고 한다. 여기서 인과(因果)에 어둡지 않다는 이야기는 인과(因果)에 마음이 끄달리지 않았다는 뜻이다.

결국, 감정이 일렁이지 않았으므로 괴로움이 물들 수가 없고, 일렁일 감정 또한 없는 무아(無我)가 주체가 되어 존재하였기 때문이다. 인과(因果)를 대하는 감정적 대응이 괴로움에 빠지게 한다. 인과응보(因果應報)로 괴로움에 처하는 것은 가아(假我) 중심의 존재에서만 해당되는 이야기이다.

무아(無我)는 인과(因果)가 있되 인과(因果)에 끄달리지 않아 괴로움이 소멸된 상태이다.

불기에서 고통을 분류하기를 다음과 같이 원인별로 팔고(八苦)다고 분류해 놓았다. 인간의 괴로움을 이렇게 잘 분류해 놓은 것 역시 불교뿐이다.

팔고(八苦) 중 사고(四苦: 1. 生 2. 老 3. 病 4. 死)는 육신이 이 세상에 태어나고 죽는 과정에서 오는 육신의 고통인 일대사 인연(一大事因緣)을 이야기하는 것이며, 기독교에서 원죄(原罪)라고 하는 것이다. 나머지 사고(四苦)는 주로 육신의 생사(生死)를 제외한 마음의 고통을 이야기하며 기독교에서 자범죄(自犯罪)라고 한다.

5. 애별리고(愛別離苦): 사랑하는 사람과 헤어지는 괴로움
6. 원증회고(怨憎會苦): 미워하는 사람과 만나는 괴로움
7. 구부득고(求不得苦): 구하고자 하는데 얻지 못하는 괴로움
8. 오음성고(五陰盛苦): 色,受,想,行,識으로 가아(假我)가 형성되어 오는 괴로움

인간사 대부분 괴로움은 이 범주를 벗어나지 못한다.

모든 괴로움은 사실 마음(감정)이 작용하는 것이며 우리의 몸이 느끼는 것을 뇌에서 인식하고 통합하는 것이다. 육신의 통증은 고통이지만 마음이 힘들 때 우리는 괴롭다고 한다. 그래서 "마음이 괴로우면 몸도 괴롭다"라는 말이 있다.
특히나 요즘은 의·과학의 발달로 100세 시대를 자랑하고 있다. 그러나 불행하게도 우리는 하나 이상 질병을 가지고 살아가야만 하며, 암이나 치매 등을 염려하며 살아야 하는 유병장수(有病長壽) 시대를 살고 있다. 그리고 몇 년마다 간간이 출몰하는 코로나와 같은 감염병을 두려워하는 시대가 되었다. 결코, 단순히 오래 사는 것이 좋다, 라고 말할 수 없게 되었다. 이 모든 것이 괴로움이라는 것을 동반하기 때문이다.

대전의 모 대학병원에서 암 환자 심리 프로그램을 2년여 진행을 했는데, 너무나 안타까운 마음이 들었던 기억이 있었다.

특히, 어린 자녀를 둔 젊은 엄마들을 볼 때면 더더욱 가슴이 아프다.

첫 번째 이유로 환자가 너무나 자신의 병(病)에 대해 무지(無知)하여 소중한 생명의 권리를 의사나 자칭 자연 치유사라고 하는 자(者)들에게 맡겨 버린다는 것이다.

둘째는 열심히 산 죄밖에 없는데 왜 자신이 암(癌)이라는 병에 걸렸는지 세상을 원망하고, 자신을 원망하고, 배우자를 원망하고 미워하는 마음 등을 가지고 있다.

셋째는 죽음에 대한 두려움과 공포를 갖고 있다. 암을 생각하면 곧 죽음이라는 등식을 가지고 있다. 특히, 암이 다른 장기로 전이가 되면 더더욱 두려움과 공포에 휩싸이게 된다.

병은 자랑하라고 하는 옛말이 있다. 그러다 보니 갖가지 민간요법과 이게 좋으니, 저게 좋으니, 하는 주변 사람들의 소리에 하나의 병에 만 가지가 넘는 치료법이 등장하게 된다. 어떤 사람이 무엇을 먹어서 좋아졌다고 하여서 나에게도 꼭 좋다고 할 수는 없다. 왜냐하면, 모든 것은 상대적 관계로 그 사람의 체내 환경 상태와 나의 체내 환경 상태는 다르기 때문이다.

 이렇게 병의 관리 체계가 잡히지 않고 병세가 악화되면 지푸라기라도 잡는 심경으로 자신이 암을 낫게 하는 재주가 있다고 주장하는 자칭 자연 치유사라고 하는 자들의 혹세무민에 현혹되어 치료의 골든타임을 놓치고 돈은 돈대로 버리고 쓸쓸한 인생의 뒤안길로 이름 없이 고통과 함께 사라지는 안타까운 모습도 많이 보았다.

 아무리 사랑하는 자식과 부부가 있어도 정작 질병의 고통과 죽음은 그 누구도 대신하여 줄 수 없는 일이며, 나눌 수도 없는 오롯이 홀로 감내하고 감당해야 하는 나만의 몫이다.
 죽음이 닥치게 되면 이 세상 그 무엇도 도움을 줄 수 없으며 그 어느 곳에 하소연하거나 변명할 수도 없다.
 가장 중요한 것은 환자 자신이 몸과 마음에 대하여 알아야 한다는 것이다. 그래야만 치료도 자신의 몸 상태와 컨디션 상태를 알아서 선택할 수 있으며, 많은 사람이 좋다고 이야기하는 것들도 나의 질병과 몸 상태에 맞는 것을 선택할 수가 있다.

 무지(無知)가 암(癌)이나 다른 질환보다 더 무서운 존재다.

 이 세상에는 절대적인 것은 몇 가지 안 된다. 그리고 꼭 그렇다고 정의 내릴 수 있는 것도 거의 없다. 낫는다, 안 낫는다로 정의 내릴 수가 없다. 다만, 내가 어떻게 하느냐 선택하고 관리하느냐에 따라 건강을 회복하는 결과가 나올 수도 있다. 주위에 암을 극복하고 잘 사시는 분들도 많이 있다.

정말로 이 세상은 고통과 괴로움이 지배하는 세계인 사바세계가 맞다는 생각이 든다.

2 시공간의 동시성

마음을 이해하는 데 시공간(時空間)의 동시성(同時性)이라는 것은 너무나 중요한 의제(疑題)이다. 동시성(同時性)은 불멸(不滅)을 이야기하는 것이며 시간의 존재를 부정하는 것이다. 동시성(同時性)에서는 생과 사, 괴로움 등이 존재할 수 없다. 시간성이 생겨나면 당연히 공간이라는 것이 그림자처럼 동시에 발생된다.

시간과 공간을 나누어 설명할 수는 있지만, 그 둘은 절대 분리가 되어서는 성립 불가능하다. 서로가 존립의 근간이 되어 중첩되어 있기 때문이다. 그래서 시공간의 존재 형식은 동시에 존재할 수밖에 없다.

우리는 사철의 변화 육체의 생로병사(生老病死) 등을 볼 때 시간이 흐르는 것처럼 느껴지나 사실은 시간은 흐르지 않는다. 아니 시간은 없다고 하는 것이 맞다. 우리가 알고 있는 시간은 다 허상(虛像)일 수 있다. 믿기 어려운 이야기이다.

하지만, 사실이다. 우리가 믿든 믿지 못하든 우리의 믿음의 차원과는 아무 상관없는 우주 자연의 진실이고 진리이다.

우리의 믿음과 실제의 진실과는 아무런 연관성이 없는 것이 이 세상에는 얼마든지 존재한다.

인간의 상상력으로 가치와 의미를 부여하고 신뢰하는 것 외의 것들은 인간의 믿음을 동력으로 존재하지 않는다. 시간 또한 인간의 상상력에 의한 인지 착각으로 형성되어 시간이 존재한다고 믿는 것뿐이다. 이 세상은 그냥 존재하는 실상(實相)이다.

그런데 어떻게 우리는 시공간성에서 과거, 현재, 미래 괴로움, 생, 노, 병, 사 등으로 괴로워할까? 이것은 마음이 형성될 때 감정이라는 화학적 물질이 생성되면서 인지의 심한 왜곡과 부조화로 인해 시간이 흐른다고 인지하게 되는 착각을 일으키게 된 까닭이다. 이것은 차후에 자세하게 다루기로 하겠다.

시공간이 없다면 생사(生死)도 없고 괴로움도 없다. 우리가 쓰는 일상 용어 중 시간이 바탕이 안 되면 성립되지 않는 것이 너무나 많다.

생로병사(生老病死), 생주이멸(生主離滅), 성주괴공(成住壞空) 등과 속도나 파동을 측정할 때도 시속, 초속 등 몇 초 동안 몇 번 진동하는가?' 등 이 모든 것이 시간성이 바탕이 되어야 성립되는 것이다.

인간의 생사(生死)도 마찬가지로 시간성이 있으므로 존재한다. 그러므로 괴로움도 존재한다. 시간성이 사라지고 시작과 끝이 동시성이면 이 모든 것은 존재의 동력을 상실하게 되는 것이다. 시간성이 사라진다는 것은 우리가 착각에서 벗어나 실상을 바로 본다는 것을 뜻한다.

이 세상 모든 괴로움의 원인은 모든 종교에서 이구동성으로 이야기하는 집착과 시비분별, 욕심을 부리는 것은 표면적 현상이고 조금 더 한 발짝 들어가 보면 우리의 의식 속에서 시간성을 가지고 있으므로 발생 되는 것이라는 것을 알게 된다.

시공간성이란 우리의 의식 속 상상력에서만 존재하는 것이다.

3 중첩

불가에서는 삼천대천세계가 있다고 한다.
이것은 이 세계 저 세계가 따로 분리되어 존재하는 것이 아니라 현재 의식 속에 다양한 의식의 차원이 한 시공간 대에 중첩되어 존재한다는 이야기이다.
인간이 태어날 때 이미 하늘과 땅의 특성을 동시에 가지고 태어난다. 다만, 생존의 특수성으로 인하여 땅의 특성을 먼저 습득하여 생존에 성공하면 하늘의 특성으로 의식 전환이 이루어져야 하는 것이며 이것은 순전히 인간의 의식 내에서만 이루어지는 작업이다. 중첩이라는 시공간 안에서 이루어지는 의식 행위라고 할 수 있다.

여기에 하늘의 에너지(性)가 땅의 에너지와 만날 때 생존에 유리한 욕망과 저항이라는 정신 작용에 의하여 하나의 감정이 만들어졌다고 한 바 있다. 그 감정은 시공간과 다양한 의식이 중첩된 하나의 점으로 의식과 각 세포에 각인되어 있다.

여기서 하나의 점은 최초로 출생해서 겪는 어떠한 정보의 사실에 대응하여 욕망과 저항이라는 본능적 식(識)의 작용으로 감정이 형성된 것이며 이것은 절대 시공으로써 나뉠 수가 없다.

또한, 그 점 안(감정)에 삼천대천세계(의식 차원)가 동시에 중첩되어 있는 것이다.

그것을 편의상 중첩된 종적인 형태의 막대그래프로 나눌 수 있다.

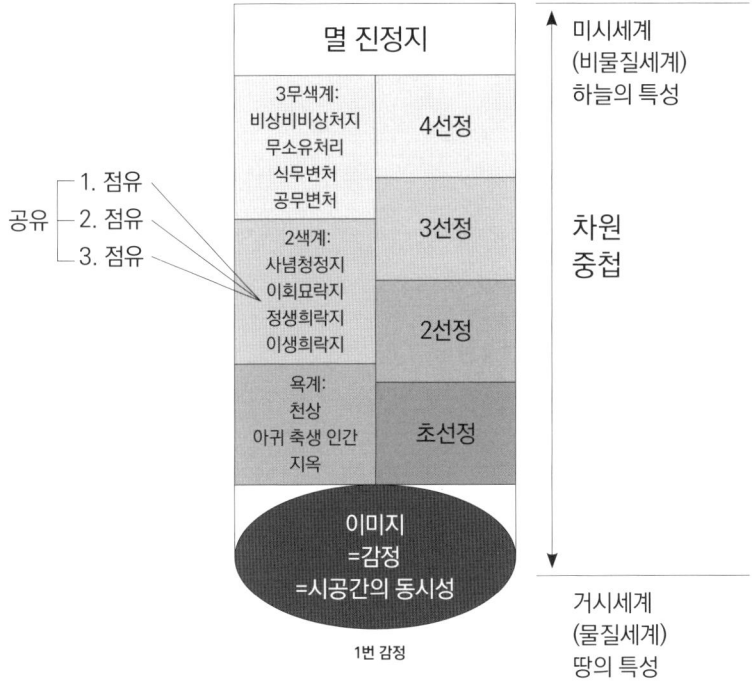

표 1 중첩된 의식

중첩은 인간의 의식이 땅의 습성에서 시작해서 하늘의 습성까지의 거리이다. 이것을 나누어 차원이라고 한다.

그 사람의 보는 시각과 생각이 땅의 특성에 치중하느냐, 하늘의 습성에 가까우냐에 따라 사람한테만 나타나는 의식의 차이를 차원이라고 하는 것이며, 이러한 차원의 스펙트럼을 가진 세계를 삼천대천세계의 중첩이라고 하는 것이다.

물질세계(거시세계)로 갈수록 개체의 성향이 뚜렷해지고 비 물질세계(미시세계)로 갈수록 개체성이 사라지고 전체성을 띠게 된다. 원래 하늘과 땅도 나뉠 수가 없다. 하나의 에너지가 얽힘 현상이 달라 사람의 제한된 인식으로 볼 때 존재의 형식이 다를 뿐이다.

중첩을 가장 잘 설명해 놓은 철학자 중 노자(老子)라는 분이 있다. 노자의 핵심 사상이 담긴 『도덕경(道德經)』에 장단상교(長短相較) 길고 짧은 것은 서로 견주어 봐야 알고, 고하상경(高下相傾) 높고 낮음은 서로 기울기를 보아야 알고, 유무상생(有無相生) 있음과 없음은 서로를 낳고 존재케 한다는 말이 있다.

어느 것도 단독으로 존재할 수 없으며 서로 상대성에 의해 존재성을 확인할 수 있지만, 서로 분리되어서는 존재의 상태를 확인할 수가 없다.

낳음이 있어야 죽음이 있고, 陰이 있어야 陽이 있듯이 개별적으로 존재하는 것이 아니라 상대적 상대, 중첩이라는 현상으로 존재하는 것이다.

반야심경의 공즉시색(空卽是色)과 노자의 유무상생(有無相生)은 같은 표현이라 생각한다.

중첩은 나누어 표현하되 분리될 수 없는 상태의 불교적 표현인 즉(卽)과 같은 의미라고 보면 된다.

4 시간의 생성

시간은 어떻게 해서 생성이 되는가?

인간의 의식은 학습하고 경험하고 하는 일들이 한 번에 여러 가지가 뇌에 입력되는 것이 아니라 한 번에 하나씩 정보와 감정이 입력된다.

앞에서도 설명했지만, 상(想)에서 이미지가 곧 욕망과 저항이라는 감정이 생성되며 이것이 경험 내지 학습되는 순서대로 2번에서 3번~9번 현재까지 중첩된 시공간의 점들이 일련선상에 나열이 되기 시작된다.

이것 자체도 사실은 나열된 것이 아니라 중첩된 상태이다. 하지만, 우리의 인식 기관은 그것을 나열하여 연결 지어 하나의 감정선(感情線)과 의식선(意識線)을 상상력에 의해 만들어 낸다.

표 2 시간이 생성되는 과정

이 감정선(感情線)과 의식선(意識線)이 일렬로 나열된 것처럼 사람의 인식기관이 인식할 때 '시간'이 흐르는 것처럼 인식하여 인지 부조화인 착각으로 과거, 현재, 미래라는 시간성을 부여하게 되는 것이다.

'시간'은 중첩된 차원이 일련선으로 나열된 감정선과 의식선을 단위화한 것이다.

더 정확히 정의하자면 '내 의식이 시간이다'가 더 맞는 말일 것이다.

일체유심조(一切唯心造), 모든 것은 마음이 빚어낸 것이다. 라는 말을 모르는 사람은 없을 것이다.

이 세상 아무리 훌륭하고 대단한 학자라고 하더라도 시간성을 빚어낸 본인이 보고, 듣고, 냄새 맡고, 맛보고, 느낀 것 외엔 알 수가 없다. 맞는 말이다. 마음이 빚어낸 시간성을 진실이라고 믿고 사는 한 우리는 괴로움의 속박에서 영원히 벗어날 수 없다. 시간성의 빌미를 제공하여 준 것이 '감정'인데 이것을 간괴히는 것이 가장 큰 문제이다.

5 차원의 결정

차원을 설명하기 위해 불교의 깨달음을 예를 들어 설명해 보겠다. 하늘과 땅은 분리될 수 없음에도 생존을 위해 필연적으로 땅의 특성을 기초로 형성된 의식에서 하늘의 특성까지에 따라 차원이 존재할 수 있다고 한바 있다.

3)에 중첩이라는 단락에서 설명한 바가 있는 삼천대천세계라는 것은 그 속에 욕계(欲界), 색계(色界), 무색계(無色界)와 초 선정, 2선정, 3선정, 4선정, 멸진정까지 다양한 의식의 스펙트럼이 존재한다.

만약 무색계(無色界)나 3 선정의 차원을 의식이 점유하게 되면 하위 차원의 의식은 자연스럽게 통섭(統攝) 되는 것이다. 그래서 완전한 깨달음이라고 하는 의식의 상태에 도달하게 되면 모든 하위 차원의 벽이 무너져 깨달음 자체도 사라지게 되며 시공간의 차이와 차원의 벽이 완전히 사라진 상태가 되는 것이다. 그러면 시간성을 초월하여 동시성(중첩된 의식)으로 의식을 확장하면 불교에서 해결하고자 하는 번뇌(煩惱)의 완전한 소멸과 괴로움의 소멸, 더 나아가서는 일대사(一大事)인연이라고 하는 생사(生死)도 아주 쉽게 해결을 볼 수 있다.

우리는 영원이라는 말을 자주 사용하곤 한다. 영원(永遠)의 개념은 시작점에서 끝없이 이어지는 것으로 착각하는데 이것은 큰 오류인 것이다.

영원(永遠)은 시작과 끝점이 동시에 존재해야만 영원한 것이 되는 것이다. 아니 시작과 끝점이 존재하지 않아야 영원(永遠)하다는 말이 더 정확할 것이다.

성경에 하나님은 나는 알파요 오메가라고 하는 말이 나온다. 그런데 표기는 알파와 오메가가 중첩되어 표기되어 있다.

이것이 영원(永遠)이며, 무소부재(無所不在)할 수 있는 근거가 되며, 불멸(不滅)이 되는 상태이다. 그야말로 불생불멸(不生不滅)을 구현하는 것이 된다. 우리의 의식이 땅의 에너지 차원에 계속 머물면 영원한 불멸(不滅)은 영원히 얻을 수 없다.

영원이라고 하는 것을 얻으려면 시공간이 존재하는 땅의 에너지 차원에서 시공간이 동시성인 하늘의 에너지 차원으로 내 의식 전환이 이뤄져야 한다.

땅의 특성은 생존을 위해서 개체의 이기심(利己心)을 근본으로 하며 이 이기심(利己心)이 밖을 향하면 이타심(利他心)이 되는 것이다.

나로 시작한 이기심이 우리로 끝이 나면 이기(利己)의 확장은 개체성의 소멸로 전체성인 하늘의 특성으로 영원불멸로 끝이 나게 된다.

이것은 사람이면 누구나 다 의식 전환이 이루어져야 하고 누구나 이루어질 수 있다.

없는 것을 만들어 내는 것이 아니라 내 의식에 시간성(땅의 특성)이 형성되었을 때, 이미 그 동시성(하늘의 특성)의 근원도 나와 함께하고 있었기 때문이다.

동시성은 전체성과 같은 의미로 개체성의 소멸을 의미한다. 내가 인지하든 못하든 영원은 늘 나와 함께 존재하므로 나의 의식만 전환하면 누구나 영원성을 회복 가능한 것이다.

반야심경의 공즉시색 색즉시공(空卽是色 色卽是空)과도 같은 의미이다. 서로 에너지 얽힘의 구조만 다를 뿐, 하늘과 땅은 분리될 수 없다. 오감(五感)의 기능이 제한적인 사람의 눈으로 볼 때 하늘과 땅은 명백하게 구분되어 보인다. 그래서 하늘과 땅은 서로 존재의 의미를 부여하여 동시에 존재할 수밖에 없다.

따라서 이것이 있으므로 저것이 있고, 저것이 있으므로 이것이 있다. 라는 말과 너와 나, 음과 양, 생과 사, 있음과 없음 등 이 모든 대립되는 것은 사실 알고 보면 따로 분리할 수 없으며 이해를 돕기 위해 분리 설명할 수는 있어도 두 대립점은 동시에 중첩되어 즉(卽)해야만 서로의 존재 의미가 될 수 있으며 이것은 사실 원융무애(圓融無碍)하다.

원래 이 우주 자체는 시간과 차원으로 분리할 수 없으며 이것과 저것으로 분리할 수 없다. 사람의 의식 구조는 생존의 특성상 분리될 수밖에 없을 뿐이다.
　차원은 땅의 특성인 물질세계에서 하늘의 특성인 비 물질세계까지의 거리이다.

6장

심신쌍수
(心身雙修)

괴로움 없이 건강하고 뜻대로 살 수가 있다.

1 심신쌍수(心身雙修)

불가(佛家)에서 정혜쌍수(定慧雙修)란 말이 있다. 이 말은 사실 중의적 표현이다. 정(定)이 곧 지혜(智慧)이다.

이제는 마음공부만 해서는 안 되는 시대가 되었다. 선천시대(先天時代)는 양(陽)의 시대이기 때문에 정신과 마음 수행에 치중하였다면 앞으로 다가오는 시대는 정음, 정양(正陰正陽) 시대이기 때문에 몸과 마음을 동시에 건강하게 닦는 수행을 해야만 한다.

마음을 닦는 공부는 별로 어렵지 않다.

마음(감정)을 와해하면 자연히 백(魄)과 체(體)에 막혀 있던 기(氣)가 다시 흐르게 되면서 몸에 치유 현상이 일어나기 때문이다. '감정와해기법'을 사용하면 마음을 닦는 공부는 더 이상 할 필요가 없다. 오히려 육신의 건강을 위협하는 것이 더 많아진 현실이다. 대량 생산으로 인하여 유전자를 조작하고 하우스 재배로 영양분이 소실되고, 가축의 공장형 사육과 다양한 성장 촉진제, 항생제, 오남용은 고스란히 사람의 식탁에 올라 건강을 해치게 된다.

패스트푸드의 발달과 대기 오염, 미세먼지로 인하여 인체에 유해한 중금속의 중독 등도 건강을 해치는 요인이 된다.

지구 환경의 기후 변화로 인한 코로나바이러스와 같은 새로운 병원체들의 출몰도 인류의 생존과 건강을 위협하고 있다.

정신이 건강하면 육신도 건강하다.

몸이 건강해지면 정신도 건강해진다.

그리하여 마음과 몸을 동시에 닦는 심신쌍수(心身雙修)를 필자는 주장한다. 감정을 와해하면 정신과 신경계, 호르몬계, 오장육부, 면역계, 근·골격계에 부정적 영향을 미치던 것이 사라져 몸의 건강이 회복되어 '자연보건면역인자'가 될 수 있으며 의식도 진화하여 괴로움 없이 건강하고 뜻대로 살 수가 있다.

② 맑은 마음

에고의 동력인 감정체를 가지고 있는 것이 죄(罪)이다.

오온(五蘊)에서 형성된 상념체(想念體)를 도형으로 표현하면 다음과 같다.

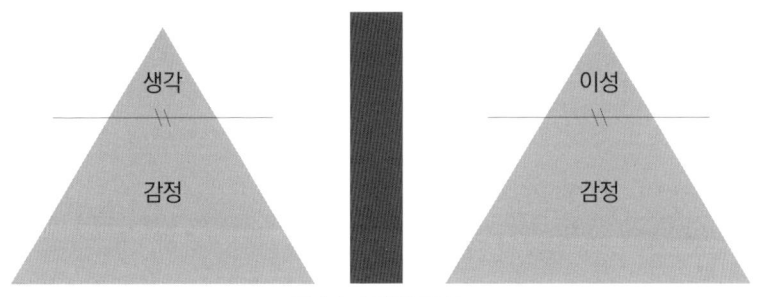

그림 1 상념체의 모습

여기서 우리는 이성과 감정이 정합을 이루지 못할 때 다양한 스트레스를 받고 많은 괴로움을 느끼게 된다. 이성은 무엇을 하고자 하는데, 감정이 동의해 주지 않을 때, 감정이 무엇을 요구하는데, 이성이 동의해 주지 않을 때, 또는, 욕망을 억제할 수밖에 없을 때, 욕망을 따르자니 사회 법규나 도덕 윤리에 위배되어 그 행동에 대한 손실을 감수해야 되고, 욕망을 거스르자니 내면의 욕구 불만으로 마음의 괴로움이 증폭되는 경우도 있다.

이것이 반복되면 습관이 되며 잠재의식과 무의식에 각인된다. 감정의 흐름이 방해될 때 각종 정신, 심리적 문제와 신체의 통증과 질병 문제를 낳게 된다. 특히, 불안을 기반으로 한 감정의 작용은 교감신경의 항진과 스트레스 호르몬을 생성하여 활성 산소의 대량 방출로 몸을 산화시키고 염증과 노화를 촉진시킨다.

그리고 생각이 아무 의도 없이 불쑥불쑥 일어나는 잡념 또는 번뇌(煩惱) 같은 현상은 감정을 동반하기 때문에 스트레스를 받게 되며 잠자리에서도 생각에 꼬리에 꼬리를 물어 잠 못 이루는 경우가 많다.

불가에서는 번뇌장(煩惱障)을 소멸해서 무쟁삼매(無諍三昧)를 득(得)하여 열반(涅槃)의 상태를 가는 것을 수행 목표로 하고 있다.
감정(시공+성품)은 시공간성을 만들어 공부를 하거나 집중력을 요(要)하는 일을 할 때, 주의를 빼앗아 주의 에너지를 고갈시켜 집중력을 약화시키기도 한다.

흔히들 에고가 가아(假我)라고 하여 가아(假我)인 '나'를 문제 삼는다. 그렇지만 에고는 죄(罪)가 없다.
에고는 단지 색(色: 외부의 정보)과 영(靈)의 작용인 의지(意志)일

뿐이다.
　죄가 있다면 에고의 동력인 감정을 가지고 있는 것이 죄(罪)이다.
　에고 자체는 문제가 되지 않는다.

　에고의 가장 큰 작용은 감정과 상상력이라는 정신 기전의 도움을 받아 나눌 수 없는 자연을 이것과 저것으로 나누어 생존에 이롭도록 한정 짓고, 개념을 잡고, 소통하는 기능을 하는 것이다.

　또한, 에고는 인류가 생존을 위해 서로 연대를 하고 상상력을 활용하여 문화와 문명을 건설하는 데 없어서는 안 될 정말 유익한 정신 기전이다. 다만, 정보를 감수하고 저장할 때 생성된 감정이 나중에 문제가 되는 것이다. 감정은 이성적 사고를 하는 데 가장 큰 걸림돌이 된다.

　인간은 감정의 동물이다.
　'말 한마디로 천 냥 빚을 갚는다'라는 속담은 삶은 이성보다 감정의 반응에 더 민감함을 방증한다. 그래서 우리는 이성적 사고를 하기 위해 많은 노력을 한다.
　어쩌면 이 지구상에서 가장 예측하기 힘든 것이 인간이 아닐까 싶다. 감정은 인간을 럭비공처럼 어디로 튈지 모르게 만든다. 어쩌면 이것이 인간다움일 수도 있다. 그 인간다움을 가진 채로 이성적 사고를 할 수 있는 방법은 없을까?
　있다. 그리고 아주 간단하다.

잡념과 번뇌(煩惱)의 가장 큰 동력인 감정 자체를 와해해 버리면 간단하게 잡념과 번뇌는 소멸하게 된다.

번뇌(煩惱)가 끊어지면 우리는 스트레스를 받고 싶어도 받을 수 없는 상태가 되는 것이다.

일체의 정신적 문제 트라우마, PTSD, 공황장애, 우울, 불안, 분노, 화병 등 모든 것이 일시에 해결이 되는 것이다. 그리고 휴머니즘을 가진 가장 이성적 인간이 될 것이다.

③ 건강한 몸

마음이 괴로우면 몸도 괴롭다.

마음이 괴로우면 그 감정 상태에 따라 코티졸, 아드레날린 등 스트레스 호르몬이 발생하기 때문에 심인성(心因性) 질환과 같은 여러 가지 육체의 건강에도 영향을 미치게 된다.

모든 질병의 90%가 스트레스가 원인이라고 하는 것은 학계에서도 이미 밝혀진 바가 있다. 하지만 질병을 치유할 때 병의 원인이 되는 마음은 치유할 생각을 하지 않고 언 발에 오줌 누기 식으로 병의 증상만 치유하려고 한다.

대부분 육체의 질병은 과도한 마음(감정)의 억제와 그런 척, 안 그런 척하는 두 마음인, 척 살기로 인한 기(氣)의 흐름이 원활하지 않아서 체내 세포의 산화 스트레스에 의하여 발생한다.

그래서 척이 없어야 잘 산다는 "무척 잘 산다"라는 속담이 있는 듯하다.

왜 마음(감정) 치유가 육체의 건강에 중요한지를 한번 보자. 마음(감정)은 다음과 같이 인체의 신경계에 영향을 주는 최상위 기관임을 알아야 한다. 스트레스는 외부현상이 문제가 아니라 외부현상(정보, 사건, 사고)을 대응하는 나의 관점으로 발생하는 내부 현상이다. 이성과 감성이 정합을 이루지 못하고 감정에 욕망과 저항이라는 압력이 가해져 그 압력으로 인하여 경험하기 싫은 불만족한 마음(감정) 상태를 말한다. 당연함이 안 될 때 발생하는 것이다.

감정이 스트레스 상태이면 몸의 신경계에서는 교감신경이 항진돼 근육과 혈관을 긴장과 수축 상태를 만들며 인체의 신경계, 호르몬계, 면역계, 근·골격계 등 다양한 곳에 영향을 준다.

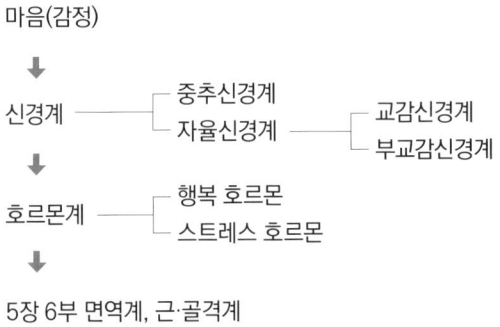

스트레스 호르몬(코티졸, 아드레날린 등)이 분비되어 근육의 수축과 신경의 압박은 일자목이나 척추 측만증과 디스크도 유발되며 근·골격계의 왜곡에 큰 영향을 주게 된다. 또한, 혈관의 압박 등을 하

게 되어 혈행을 방해하게 된다.

 더욱이 중요한 것은 이때 다량의 활성 산소가 발생되는데 이 활성 산소가 세포를 공격하여 염증을 만들거나 세포를 산화시켜 노화와 질병을 가속시킨다는 점이다.

 젊은 시절에는 스트레스 회복 탄력성이 유연해서 정상 회복이 쉽게 되지만 나이가 들어가면서 회복 속도가 늦고 중추신경계에 피로감이 누적된다. 면역계에서는 스트레스 호르몬 수용체와 행복 호르몬 수용체가 있다. 과도한 스트레스가 지속되면 면역 체계가 혼란을 겪어 피아식별(彼我識別)을 하지 못하고 정상 세포를 공격하여 자가 면역 질환을 일으킬 수도 있다. 이것의 치료는 감정을 와해하지 않고는 치유의 접근이 매우 힘들다.

 "질병을 치유하려면 마음(감정)부터 다스려라.
 (와해해라)"라는 말을 필자는 하고 싶다.
 질병의 근원이 되는 마음(감정)을 와해하지 않고 질병을 치유하는 것은 더러운 방에 냄새나는 쓰레기통을 그냥 둔 채로 창문을 열고 청소하는 것과 같다.

 몸이 건강하려면 피가 깨끗해야 한다는 것은 누구나 다 아는 사실이다.
 하지만 피를 깨끗하게 만드는 방법은 하버드 의대도, 그 어떤 유명한 병원이나 의사도, 그 누구도 가르쳐 주지 않는다. 그런데 피를 깨끗하게 만드는 방법은 의외로 간단하다.

단백질, 탄수화물, 지방 등 영양의 3대 요소를 완전 연소하면 애당초 피가 깨끗하게 만들어진다. 그러면 찌꺼기를 남기지 않아 장에서 부패되어 혈액을 탁하게 하는 것을 방지하게 된다.

장은 음식물 찌꺼기를 부패 혹은 발효시켜 외부로 내보낸다. 이때 단백질이 부패가 되면 암모니아, 페놀, 등 독성이 강한 독소를 만들어 피를 탁하게 하고, 탄수화물이 불완전 연소가 되면 몸의 중성지방 수치를 높게 하거나 젖산을 만들고 피를 걸쭉하게 만들게 된다.

장내 세균은 정확한 수치는 아니지만, 유익균 10% 정도 유해균 10% 정도로 구성되고 나머지 80%는 유익균이 우세하면 유익균으로 치중하고, 유해균이 우세하면 유해균으로 치중한다고 한다.

그래서 장내 세균의 질은 결국은 인체의 건강과는 떼려야 뗄 수 없는 매우 중요한 상관관계가 있다고 할 수 있다.

그래서 치병(治病)을 하기 위해서는 소화기 계통인 위장과 대장의 건강이 우선 되어야 한다. 우리가 먹는 것이 피가 되고 살이 되기 때문에 위, 대장이 좋지 않으면 질병 치유와 예방은 힘이 든다.

몸에 필요한 유익한 호르몬의 대부분은 대장에서 만든다고 한다. 대장이 차거나 지용성 식이섬유가 장 내벽을 자극하지 않으면 대장은 스스로 연동운동을 하지 않는다고 한다. 칼슘이 부족하면 위 하수, 장 하수 등을 초래하여 방광이 눌려 자주 소변보는 횟수가 많아지고 소변을 보고도 잔뇨감이 남게 된다.

또한, 진해질 균형과 미네랄 균형을 맞추는 것이 무엇보다 중요하다. 나이가 들수록, 위산의 품질이 떨어지는데 위산의 품질과 전해질과는 밀접한 관계가 있다.

무염식을 해야 한다는 이야기도 있지만, 일반적인 상황에서는 염도는 낮고 미네랄은 높은 소금을 불순물을 제거한 뒤 섭취하는 것이 좋다.

병원 응급실에 가면 검사하기 전에 무조건 먼저 놓는 것이 링거이다. 그것은 모든 사람에게 체질, 질병 상관없이 부작용이 없고 필요한 것이기 때문에 그렇다고 생각한다. 전해질 균형이 깨진 상태에서 좋은 약을 쓰거나 좋은 기능성 식품을 먹는다 하여도 바다 물고기를 강물에 넣고 온갖 좋은 것을 넣어주는 것과 같은 것이다.

그리고 인체의 구성 중 70%를 차지하는 것이 수분이다. 수분이 부족한 탈수 증상은 몸의 다양한 대사에 매우 중요한 역할을 하기 때문에 하루에 적정량(1일 약 2L 정도)의 수분을 섭취하여 탈수로 인해 건강을 해치는 일이 없도록 하여야 한다.

수분에 이어 인체 구성에서 두 번째로 많은 비율을 차지하는 것은 단백질인데 우리나라의 성인 대부분은 단백질이 매우 부족하다. 단백질은 세포의 구성과 호르몬의 생성에 없어서는 안 될 중요한 구성 물질이다.

또한 우리 몸의 4% 정도를 차지하는 미량 원소인 미네랄의 중요성은 몇 번을 강조해도 부족하다. 모든 미네랄이 중요하지만, 칼슘은 우리 인체의 미네랄 총량의 1/2를 차지할 정도로 다양한 기능을 수행하느라 많은 양이 필요하다.

우리의 질병 대부분은 칼슘 부족 때문에 온다고 해도 과언이 아니다. 몸과 세포가 필요한 것을 먹는 것이 건강을 지키는 좋은 방법이다.

몸과 마음은 서로 유기적으로 서로에게 영향을 준다.

몸이 건강하면 정신 건강도 좋고 몸이 좋지 않으면 정신 건강도 좋지 않다.

마음이 편안하면 몸의 건강과 질병의 호전에도 도움이 된다. 마음이 불편하면 몸도 힘이 든다.

④ 심독(心毒)의 해독(解毒)

우리는 부지불식(不知不識)간에 감정이 내뿜는 마음의 독(毒)에 서서히 중독(中毒)되어 중독자(中毒者)로 살아가고 있다는 사실을 모른다.

심인성(心因性) 질환이라고 하는 것은 마음(감정)이 원인이 되어서 발생하는 즉, 마음의 독(毒)에 중독(中毒)되어 신체로 나타나는 병(病)적인 증상을 말한다.

건강한 삶을 영위하려면 마음의 독(毒)부터 해독해야 한다.

마음의 독(毒)은 외부 요소가 아니다.

현재 내 의식에서 일어나는 현상이다.

외부에서 음식물 섭취나 환경 호르몬 등으로 몸이 상하는 것이 아니라 순수하게 내가 스스로 만들어 내는 독(毒)이다.

불가에서는 탐진치(貪瞋痴) 삼독심(三毒心)이라고도 한다. 이 세 가지 중에서 가장 큰 독(毒)을 뿜게 하는 것은 바로 어리석음을 표현하는 치(痴)를 꼽는다. 痴는 바르게 알지 못하여 발생하는 독(毒)이다. 치(痴)는 생존권이 확보되면 땅의 특성을 버리고 하늘의 특성으로 의식 전환이 되어야 하는데, 땅의 습성으로 형성된 감정에 머물러 하늘의 특성을 모르는 상태를 말하는 것이다.

여러분은 알고 짓는 죄와 모르고 짓는 죄, 어느 죄가 더 크다고 생각하는가? 이렇게 물으면 대부분 사람은 알고도 죄를 지으니 괘씸하니까 알고 짓는 죄가 더 크다고 한다. 맞다. 하지만, 가만히 생각해 보면 꼭 맞는 말은 아니다. 알고 짓는 죄(罪)는 언젠가 고칠 수 있지만 모르고 짓는 죄(罪)는 죄(罪)인 줄도 모르니 계속해서 지을 거 아니겠는가? 그래서 모르고 짓는 죄가 더 무서운 큰 죄(罪)가 되는 것이다.
그래서 무지(無知)가 죄(罪) 중에 가장 큰 죄(罪)이다.

치(痴)는 무지(無知)와 무명(無明)이라고 하는데 불가에서는 무지(無知) 무명(無明)이 가장 큰 죄(罪)이며, 큰 업보(業報)의 씨앗으로서 끊임없이 윤회(輪廻)가 반복되면서 괴로움을 받는 원인이라고 하고 있다. 그래서 무지와 무명을 타파하기 위하여 열심히 수행하고 있는 스님과 제가 불자들, 그리고 구도자들이 참으로 많다.
무지(無知)와 무명(無明)은 제대로 알지 못하고 6.6.6에 의해 생성된 가아(假我)에 집착해 온갖 마음의 독(毒)을 스스로가 만들어 스스로가 중독(中毒)되는 우(愚)를 범(犯)하고 있는 것을 의미한다.

인체에 맞지 않는 음식을 섭취해서도 독(毒)을 만들고 환경으로 인하여 독(毒)이 쌓이고, 마음을 제대로 쓰지 않아 독(毒)을 만들고, 그렇게 우리네 인생은 독(毒)에 절여져 중독자(中毒者)의 삶을 살고 있다.

중독자(中毒者)는 하늘의 질서를 어긴 대가로 반드시 고통과 괴로움을 받으며, 그것은 하늘의 법을 어긴 범법자로 대가를 치르게 되는 것이다.
범법자는 벌을 받는다. 괴로움과 고통이라는 벌과 이윽고 죽음이라는 벌을 받는다.

우리는 마음의 독(毒)을 해독(解毒)해야 한다.
그래서 육체의 질병이나 정신적 괴로움에서는 벗어나야 한다. 해독 과정은 명상, 참선 등을 통하여 땅의 특성에서 하늘의 특성으로 의식 전환을 하여 모든 이치를 바로 아는 것이다.

'감정와해기법'은 그중에 가장 확실한 방법이다.
타인을 미워하고 욕하면 본인 먼저 상한다는 사실을 모른다.
내가 마음이 너그러워서 타인의 잘못을 용서하는 게 아니라 진정 나를 위한 이기심으로라도 용서를 하는 것이 현명하다.

마음의 독(毒)을 해독(解毒)하기 위해 명상과 참선을 하는 중에 아! 내가 이 문제가, 이런 생각, 이런 감정 때문이구나! 하는 바른 앎인 자각(自覺)이 가장 으뜸이 된다. 자각(自覺)할 때 감정이 와해가 되면서 마음 내려놓음이 저절로 되고 괴로움의 원인을 찰나지간에 알게 되며, 인지 전환이 즉시 일어난다.

  습관이 저절로 바뀌고 세상을 보는 관점이 저절로 전환된다.

  우리의 삶을 변화시키는 데 큰 깨달음이 필요하지 않다. 그저 작은 자각(自覺)만으로도 충분하다. 자각(自覺)은 심독(心毒)의 해독제(解毒劑)이다. 자각(自覺)이 나의 삶 속으로 들어오게 하려면 우선 마음을 고요하게 하고 마음이 고요해지면 몸도 이완이 된다.

  목욕탕에서 때를 불리듯 몸, 마음을 이완하는 것을 반복하다 보면 거친 감정과 이성의 틈이 벌어진다. 그때 아하! 하면서 본인만의 통렬한 그 어떤 원인을 스스로 알게 되는 상태가 있다.

  이것이 자각(自覺)인 것이다.

  자각(自覺)은 아주 개인적이며 하나의 주관적 의식 현상이다. 자각(自覺)은 누가 알려줄 수 있는 것이 아니며 또 누가 줄 수 있는 것도 아니다. 자각(自覺)을 할 수 있는 의식의 토양을 만들게 도움을 줄 수는 있다.

  마음이 고요해지고 자각(自覺)을 하다 보면 문득, 문득, 사유하지 않아도 저절로 알게 되는 것들이 있다. 작은 자각(自覺)을 통해 지혜(智慧) 또는 반야(般若)의 세계로 점점 다가가는 것이다.

반야(般若)는 지혜(智慧)다.

지혜(智慧)는 일체(一切)를 안다, 모른다를 떠난 상태로 거친 감정작용이 와해되어 생각이 끊어지고 일체의 의문 의심이 사라진 상태를 의미한다. 지혜(智慧)는 누구에게 배워지는 것이 아니라 저절로 그냥 알아지는 의식의 상태이다. 지혜(智慧)는 자연의 섭리(攝理)와 하나 되는 것이다. 지혜(智慧)롭지 못하므로 망령된 생각으로 삶이 괴로워진다.

인지 치료는 새로운 신념을 고착시키든가, 새로운 관점에서 병적(病的)인 의식을 훈련을 통해 자각시킴으로써 관점 전환을 이끌어 치료하는 상담 치유 방식을 말한다.

괄목할 만한 성과도 있지만 많은 시간과 비용이 들고 치유 효과를 보기 또한 어렵다. 가장 빠른 치유는 다름 아닌 바로 자각(自覺)만이 가장 근원에 맞닿아 확실한 인지 전환이 일어나고 완벽한 치유가 될 수 있다.

자각(自覺)은 감정와해 현상이 일어나며, 알아차림과 내려놓음을 포함하는 의식작용으로 모든 것이 그냥 저절로 알아지고 이루어지는 자연의 법칙이다. 이것이 바로 심독(心毒)을 해독하는 방법이다.

5 수면

현시대의 인류는 새로운 대전환기를 맞이하여 잘 쉬는 법을 배워야 한다. 보통 우리가 잘 산다는 것은 잘 먹고, 잘 자고, 잘 싸고 이 세 가지만 하면 크게 바랄 것이 없던 시대가 있었다.

하지만, 현대인들은 잠 못 이루는 수면장애 환자들이 늘어나고 있고, 변비 환자들이 늘어나 대사성 질환에 노출이 되어 참으로 총체적인 문제가 아닐 수 없다. 이제 잘 자는 것도, 잘 싸는 것도, 잘 먹는 것도, 과학과 의학이 개입되어야 하는 시대가 되었고 이에 관련된 사업도 급부상하는 세상이 되었다. 당연한 것이 현실은 당연하지 않으니까 과학, 의학의 힘을 빌려야 되는 안타까운 시대가 되었다.

잘 쉬는 방법은 크게 두 가지 방법이 있다.
첫 번째는 수면(睡眠)이고,
두 번째는 마음을 리셋하는 명상(冥想)이 있다.

이 장에서는 첫 번째 수면을 주제로 이야기하겠다. 수면이란 것은 살아 있는 생명체에겐 생명 현상을 유지하는 기능 가운데 가장 필요한 기능이며, 휴식(休息) 중에 가장 효율적인 휴식 또한 수면이다.

수면(잠)이 가지고 있는 가장 중요한 기능은 생명력의 회복과 생명력의 충전이라는 생리적 기전이다. 우리는 인생에서 거의 1/3이라는 엄청난 시간을 자는 데 할애를 하는 셈이다. 그만큼 수면은 생명 현상에 있어서 없어서는 안 되는 기능이라는 방증이기도 하다.

"잠이 보약이란 말이 있다."

다양한 암, 대사성 질환 같은 육체적 질병은 특히나 양질의 잠을 충분히 자야 모든 치유 현상이 일어난다. 잠을 자지 않고는 그 어떠한 정신적 육체적 질병은 낫지 않는다. 감기가 낮에 낫는 것을 본 적 있는가?

낮에 활동할 때는 주로 교감신경이 작용하기 때문에 신경과 근육의 긴장도가 유지가 되는 베타파의 뇌파를 띠게 되며 지질의 형성과 당 분해 등 화학적 변화가 발생된다. 밤이 되면 몸이 이완되고, 깊은 휴식을 취하는 세타파와 델타파의 뇌파를 띠게 된다. 잠을 자면서 일어나는 우리 몸과 마음은 엄청난 변화들이 일어난다.

몸에서 면역계의 활동은 2교대로 한다.
낮에는 교감신경이 작동되어 위기(衛氣)라는 일종의 보호막 같은 것이 작용하여 외부에서 침입하는 바이러스나 세균을 방어하는 백혈구와 같은 면역계가 활동한다.

밤에는 부교감신경이 작동하여 낮의 위기(衛氣)가 사라지고 침입한 세균들이 증식하거나 내부에서 비정상적인 세포들을 식균하는 대식세포, NK세포와 같은 면역계가 활발하게 활동을 한다. 그래서 예부터 "밥은 아무 곳에서 먹어도 잠은 가려서 자야 한다"는 말이 있다.
이 말은 밤, 낮의 면역계 활동이 다르고 건강에 직접적인 영향이 있다는 사실을 알고 계시는 옛 조상들의 지혜를 엿볼 수 있는 격언이다.

자면서 낮 동안 경험하고 학습된 정보들의 장기, 단기의 기억 저장과 망각과 소멸이라는 일들도 일어난다. 마음과 육체의 총정리가 되고 인체의 사이클과 호르몬의 재조정과 재정렬이 되며 다음 날 살아갈 수 있는 생명력을 충전 받는 시간이기도 하다. 그래서 '역사는 밤에 이루어진다.'는 말이 있기도 하다. 특히 단백질 대사는 자는 동안에 주로 이루어진다. 그래서 피부가 좋아지려면 충분한 잠을 자야 한다.
미인은 잠꾸러기란 말도 있지 않는가?
요즘은 잠을 자지 않고 공부하고 일하는 것이 대단한 것처럼 이야기한다.

우리 모두 하루에 4시간만 잤다는 나폴레옹이 될 수는 없다. 그리고 생명력의 충전을 받는 수면을 등한시한다면 대자연의 섭리를 위배하게 되고 그 과보(果報)에 상응하는 괴로움을 받는 것이다.

삶에서 생명력의 충전 말고 더 중요한 일이 어디 있겠는가? 현대인들은 깊은 수면을 방해하는 것들이 너무나 많다. 정서, 심리의 다양성에 따른 스트레스도 도시화에 따른 백야(白夜) 현상도 사회의 다양한 직업군으로 인한 수면 리듬의 변화도, 식습관의 변화에 따른 호르몬 불균형의 초래도, 환경의 변화도, 모두가 수면을 방해하는 요소들이다.
이제는 슬리포노믹스라는 신조어가 생길 정도로 전 세계가 수면 관련 경제 생태계가 급부상하고 있다. 의학 과학이 아무리 발달하여도 잠을 대신해줄 수 있는 것은 없다.

"잠을 대신할 수 있는 것은 오로지 잠뿐이다."

필자도 사)정신건강교육개발원에서 '수면관리심리상담사' 라는 자격증반을 개설하여 지도하고 있다.

수면 관리사와 심리상담사 이 두 가지 자격증을 한 가지 자격증을 묶은 것이다. 과학과 의학이 최첨단으로 발전하였지만 아직은 수면과 감정 소비는 대신해 줄 수 없다. 스트레스와 피로의 누적, 수면 부족(불면증), 등의 누적은 삶의 질이 형편없이 떨어지게 한다. 수면도 이제는 자연스러운 것이 아니라 과학적으로 분석하여 해결하려는 수면 과학 시대가 열리고 있다.

올바른 수면 습관을 만들기 위해서는 무엇보다도 스트레스에서 벗어나는 것이 가장 우선이다.

미래의 불안과 강박 같은 노력이 큰 심리적 스트레스가 되어 생각이 꼬리에 꼬리를 물게 하여 잠을 잘 수가 없다. 생각과 스트레스는 불안이라는 감정을 와해하면 사라진다.

그리고 우리 인체 호르몬의 80% 이상을 만들어 내는 대장의 건강에도 신경 써야 한다. 세라토닌과 멜라토닌 호르몬과 가바라는 호르몬은 수면과 아주 밀접한 관계가 있다. 이러한 호르몬이 부족하면 깊은 양질의 수면을 이룰 수 없게 된다.

몸은 하나의 유기체로서 하나의 장부에 문제가 생기면 유기적으로 긴한 작용을 하거나 두미노처럼 무너지게 되어있다. 개인의 건강은 거친 밥상과 푹 잠을 자는 것, 그리고 쾌변에 있다고들 한다.

제 2의 뇌라고 이야기하는 대장 건강이 수면 건강을 뒷받침해주어야 한다. 그리고 낮에 충분한 햇볕을 쐬고 전해질 레벨과 미네랄 레벨을 조절하면 양질의 숙면을 취하는 데 큰 도움이 된다.

6 명상

정신, 심리의 문제는 이제 명상(감정와해기법)만이 가장 근본적인 치유를 할 수 있다. 병원에 가면 가장 먼저 링거를 놓아 주듯이 명상은 정신적, 육체적 질병 치료를 할 때, 가장 먼저 선행되고 치료와 병행하여야 할 의료의 기본 영역으로 자리를 잡아야 한다.

명상이 특정한 종교의 전유물도 아니며 특별한 사람이나 하는 것이 아니라 보편 상식으로 누구나 실천할 수 있는 일상의 한 부분으로 자리 잡아야 하는 시대가 되었다. 명상을 통해서 얻는 이익은 상상할 수 없을 정도로 많다. 세계 유수의 의학자나 과학자들이 명상의 유익성을 실험을 통해 속속히 발표하고 있다. 이미지 명상을 통해 암을 극복한 사례, 명상을 통해 우울증을 극복한 사례, 명상이 인체에 긍정적으로 영향을 미치는 연구사례 등 다양한 사례들이 있다.

자각(自覺)을 동반하지 않는 명상(冥想)은 명상이라고 할 수 없다. 명상은 자각(自覺)이라는 기전을 통해 뇌 구조와 기능의 긍정적 변화를 이끌어낼 뿐만 아니라 완전한 인지 전환을 할 수 있다.

명상은 뇌 구조 기능 변화에 절대적으로 영향을 끼친다.

특히, 명상을 하면 다양한 정신 심리적 변화가 일어나서 스트레스를 덜 받는 상태가 되고 세상을 그렇게 보려고 노력하는 것이 아니라 저절로 그렇게 보이게 되는데, 그것은 뇌 기능의 변화가 반드시 있어야만 가능한 것이다.

그래서 그렇게 보이고 그렇게 느껴지도록 두뇌의 분석과 해석이 되면 모든 것은 저절로 그렇게 보이게 되는 것이다.

"너와 나의 구분을 짓지 마라. 또는 너와 내가 둘이 아니다."라는 가르침이 있다. 문제는 그것을 듣고 알긴 아는데, 자신의 눈에는 너와 내가 확실히 구분되는데 어떻게 둘이 아니라고 할 수 있겠는가? 그러니 말은 그렇게 하고 사실은 그렇게 보이지는 못하는 것이다.

그래서 너, 나를 구분 짓지 않으려고 아무리 노력하여도 구분 지어질 수밖에 없다. 이것은 그러한 노력으로 되는 것이 아니라 명상(冥想)이라는 도구를 사용하여 나와 타인의 경계를 인식하고 외부정보를 분석·해석하는 뇌섬엽과 전전두엽이라는 뇌 부분의 기능을 변화시켜 너와 나의 구분 선(線)이 희미하게 읽혀지게 해야만 그렇게 보이게 되는 것이다.

뇌섬엽과 전전두엽의 기능은 감정의 차이를 읽어 나와 타인, 사물과 사물의 경계, 나와 사물의 경계 등 애착 관계 등을 구분 짓는다. 그러므로 감정을 와해하면 저절로 나와 타인의 경계가 허물어지고, 모든 사물과 사물의 경계가 허물어지고, 심지어 나 자신과 사물 간의 경계마저도 허물어져 어느 것에도 집착 없이 경계에 머무르지 않는 의식의 변화가 일어난다. 이것을 뇌과학에서는 '뇌의 가소성'이라고 한다.

　깨달음도, 시공간의 동시성도, 제법무아(諸法無我)도, 삼매(三昧) 상태도 모든 의식의 상태가 저절로 그렇게 되어지고, 느껴지려면, 뇌가 해석하는 기능이 그렇게 해석되고 그렇게 보여야 가능해지는 것이다.

　그러므로 뇌과학과 명상, 그리고 깨달음 사이에는 매우 중요한 상관관계가 있다고 볼 수 있다.

　위와 같은 뇌 구조의 기능이 의식 차원이 높아지면 높아질수록 세상을 보고 해석하는 관점이 달라지게 되는데, 가장 효과적인 방법이 명상(감정와해 기법)이다. 명상을 하는 사람은 어려운 문제에 직면하거나 큰 스트레스 상황에서도 항상 긍정적인 마음을 놓지 않는 특징이 있다. 죽음을 앞둔 환자 그룹의 명상 실험에서도 편안한 생활을 하며, 임종 시에 편하게 죽음을 받아들인다는 연구 결과도 있다.

　이외에도 명상을 통해서 얻을 수 있는 이익은 이루 형언할 수 없을 정도로 많다. 감정와해가 되므로 마음이 고요해지면서 잡념으로부터 자유로워진다. 면역계가 활발해진다. 산화질소의 발생으로 혈관이 확장돼 혈액순환이 잘된다. 근 골격계가 이완되어 기운의 소통이 잘된다.

　정신적(공황장애, 불안, 우울 등) 괴로움에서 벗어날 수 있다. 의식의 차원을 통섭하는 깨달음을 얻을 수 있다. 시공간을 초월할 수 있다. 생사의 문제를 해결할 수 있다. 자각을 통해 인지 전환과 습관을 스스로 개선해 나갈 수 있다.

다층 구조로 형성된 의식의 시간성을 명상을 통하여 제거함으로써 결국은 의식의 진화와 뇌의 변화를 꾀할 수 있고 궁극의 세계에 도달하게 될 수도 있다.

명상의 종류는 참으로 다양하고 많다. 사마타, 위파사나, 호흡명상, 마음 챙김, 아바타, 동사섭, 기공, 단전호흡, 회광 반조, 호흡관, MBSR, 요가 등 결국은 모두가 원하는 것은 괴로움의 소멸일 것이며 혹여 깨달음을 추구하는 도구로써 명상을 사용하는 사람들도 있을 것이다.

그런데 이러한 명상들을 수행할 때 가장 큰 실수를 하는 것이 있다.

명상이나 수행을 할 때 '나'가 주체가 되어서 하고 있는 것이다. 내가 개입해서는 어느 정도 만족감이나 충족감, 잔잔한 희열, 성취감과 자신감, 정도는 얻을 수 있다.

하지만, 정작 몇십 년을 해도 잡념 하나 끊어내지 못하는 경우가 허다하다. 정말 안타깝기 그지없다. 견성(見性)을 하려고 노력한다고 해서 견성(見性)이 되겠는가?

다양한 노력의 결과로서 얻어지는 것은 결국 가아(假我)인 '나'라는 것이 얻는 작은 만족일 뿐이다. 그 만족에 취하여 안주하고 알음알이로 머릿속을 채우면 결국 가아(假我)라고 하는 마귀의 종이 될 뿐이다.

명상(冥想)은 많이 아는 것을 버리고 그렇게 됨으로써 일체의 의

문, 의심이 없는 상태를 이루는 방편(方便) 가운데 가장 강력한 도구 중 하나이다. 명상은 아는 것이 아니라 그렇게 되는 것이다. 명상은 이렇게 하고, 남방불교는 저렇게 하고, 소승불교와 대승불교가 어떻고, 호흡은 이렇게 하고, 세상을 볼 때는 너와 나를 구분해서 보면 안 되고, 시비분별을 하지 말아야 하고, 욕심을 부리지 말아야 하고, 기타 등등 이런 앎이 무엇이 중요한가? 다 헛소리에 지나지 않는 것이다.

자신의 눈과 느낌이 그렇게 안 보이는데 그렇게 보려고 노력한들 그렇게 보이겠는가?
오히려 그렇게 안 되는 자신의 한계를 인정하고 스스로 종이 되는 것을 당연하게 합리화하여 종교 지도자들에게 혹세무민의 빌미를 제공해 주는 꼴이 되고 있다.

어떠한 명상을 해도 '나'가 중심이 되어서 수행을 하면 궁극적 관점의 전환이 일어나지 않는다. 그래서 진정한 명상은 그냥 저절로 스트레스를 받지 않는 상태가 되어야 하고, 세상이 그렇게 저절로 보여야 하는 것이다. 어느 날 문득 그렇게 되어져야 한다. 요즘은 외국에 나가서 다양한 분야의 명상 공부를 쇼핑하듯이 하고 오면 그게 무슨 큰 훈장처럼 자랑스럽게 생각하는데 우쭐대는 사람들도 많다. 한마디로 참 우스운 짓이고 어리석은 짓이다.

여기에서의 마음이나 외국에서의 마음이 다르지 않고 인종을 가리지 않고 마음이라는 공통분모는 사람이라면 누구나 다 똑같은 것이다. 중요한 것은 내가 개입되지 않고 근원에너지가 스스로가 내면과 밖에서 성성(惺惺)하게 흘러야 한다. 어찌 되었건 명상은 8식에 저장되어 있는 감정을 와해시키는 수단으로 감정이 만들어 낸 모든 일체의 전도망상(顚倒妄想)된 마음으로부터 벗어나 모든 괴로움을 소멸하는 도구 중 가장 우수하다.

명상은 '나'가 주체가 아닌 무아(無我)가 주체가 되어 저절로 되어지게 만들어야 한다. 그럼, 무아(無我)는 무엇이고 나는 무엇이며 왜 애당초 무아(無我)로써 살지 못하는가?
이것은 가장 핵심적인 내용이며 인간 의식의 가장 비밀스러운 것이다.

무아(無我)는 개체를 형성할 때 불성, 본성, 성령 등을 의미하며 '나'는 오온(五蘊)으로 형성된 가아(假我) 즉 유아(有我)를 의미한다. 사실 '나'는 무아(無我)와 가아(假我)가 중첩되어 동시에 작용하는데, 무아(無我)는 괴로움이 없는 반면 가아(假我)는 감정으로 모든 것을 각인하므로 감정 따라 괴로움을 동반한다.
그런데 감정의 작용 중 하나가 바로 가아(假我)에 무아(無我)를 자석처럼, 접착제처럼 붙어 떨어지지 않게 하여 무아(無我)가 주체가 되지 못하는 것이다. 그래서 접착제인 감정을 와해하면, 가아(假我)와 무아(無我)가 자연스럽게 분리되며, 무아(無我)가 가아(假我)을 통섭(統攝)하여 무아(無我)가 주체가 된 삶을 살면서 가아(假

我)의 업(業)을 괴로움 없이 도구처럼 사용하며 살 수 있게 된다.
　알아차림도 내가 알아차리려고 노력하면 안 된다. 저절로 알아차려야 한다. 이것이 '감정와해기법'의 가장 큰 특징이다.

　그래야 자각(自覺)이 일어나는 찰나 지간에 이성과 감성이 분리되는 현상을 보게 되는 것이다. 자각이 일어나는 찰나에 감정이 와해된다. 방하착(放下著)이라는 감정의 와해(마음 버림)가 이루어지게 되는 것이다. 마음이 버려지는 것도 저절로 버려져야 된다.
　이때 생각과 감정이 박리되어 감정체가 와해가 되면 하나의 블록이 깨어지는 것이다. 거기에 대한 보상은 괴로움의 소멸이다.

　세간에는 4차 산업의 발달로 블록체인이라는 정보 저장 기법이 등장하였다고 한다. 그 블록을 하나씩 깰 때마다 보상으로 코인을 준다고 한다.
　부처님께서 말씀하신 인드라망이 블록체인과 비슷한 것이다. 아래의 의상대사 법성게(法性偈)에서도 현대의 블록체인과 인체 세포의 구성과도 비슷한 것 같다.

**일중일체 다중일(一中一切 多中一) 하나 속에 일체 모든 것이 있고
일즉일체 다즉일(一卽一切 多卽一) 하나가 일체이고 모두가 하나다.
일미진중 함시방(一微塵中 含十方) 한 티끌 속에 온 세상이 있고
일체진중 역여시(一切塵中 亦如是) 모든 티끌 또한 온 세상이 있다.**

세포를 구성하는 세포 자체가 하나의 DNA 정보방으로 구성되어 있다.
　하나의 세포에 인체 전체의 정보가 모두 수록되어 있고 그 정보 각인을 위해서 감정이 작용한다.
　그래서 세포 단위의 블록을 하나씩 깰 때마다 감정이 와해가 되고 그 보상으로 괴로움이 소멸된다. 마지막까지 다 깨고 나면 '나'를 구성하고 있던 정보방의 블록이 전부 와해가 되어 무아(無我)로서 인드라망과 하나가 되는 것이다. 이것이 인간의 최종 의식 진화의 끝이며, 영성 시대를 연 것이다. 이것이 명상(冥想)의 힘이며 감정와해기법이 추구하는 세상이다.

7장
시공간의 좌표

여름에서 가을로 넘어가는 하추교역기(夏秋交易期)에 걸쳐 있다는 뜻이다.

1 시공간의 좌표와 주기

지금 우리 인류가 처해 있는 우주 자연적 시공간의 좌표는 코로나바이러스가 창궐할 수 있는 최적의 조건을 가진 시공간의 좌표에 처해 있다.

음모가 있든, 그것이 무엇이든 간에 우리가 처해 있는 현실이고 코로나가 환경에 완벽하게 변이로써 진화와 적응을 한다는 게 문제이다.

태양을 중심으로 지구가 공전하면서 태양계의 시공간의 어느 좌표에 있느냐에 따라 봄, 여름, 가을, 겨울이라는 4계절이 만들어진다.

지구가 태양을 한번 공전을 하면 4계절이 만들어지는데 이것이 1년이 되고 일수로는 365일 또는 366일이 되기도 한다. 4계절의 특징은 온도와 습도의 차이와 태양에서 방사되는 에너지와 다른 행성에서 발현된 에너지의 지구 내 유입량으로 결정짓게 된다. 지구 자기장과 온도, 습도 등의 환경 변화에 대응하여 유기체들은 유기적으로 호환 변화해야만 적응과 생존을 할 수 있다.

인류가 상상하는 모든 것을 현실화시킬 수 있는 상상력과 지성을 가지게 된 배경에도 지구의 우주의 시공간의 좌표 변화로 지구의 자기장의 변화가 두뇌의 기능 향상에 영향을 준 것이라 생각된다. 이러한 우주 자연의 환경적 변화가 없다면 두뇌 활동 영역이 저절로 확대되지는 않는다.

우주의 시공간 좌표의 변화가 지구의 자기장의 변화를 불러오면, 자기장의 자력으로 방향감각을 잡는 벌과 작은 곤충에서 조류들로부터 시작해 지구상의 모든 유기체에 큰 변화가 오게 되며 인간도 예외 없이 당연히 큰 영향을 받게 된다.

자기장의 변화와 온도, 습도와 같은 환경 변화는 지구 내 유기체들의 유기적 변화와 적응을 요구하고 있다. 환경 적응에 실패하면 그 종(種)은 자연계에서 도태되어 영원히 사라지고 마는 것이다. 지구상의 생명 가진 모든 유기체는 온도와 습도에 가장 민감하게 반응한다. 거북이는 모래밭에 알을 낳는데, 온도에 따라 암수가 결정된다고 한다.

사람은 여름철에 온도와 습도가 높으면 불쾌지수가 높아져 신경이 예민하여 쉽게 짜증과 화를 내는 것을 우리는 알고 있다. 여름에 외부 온도의 상승으로 인체 내부가 차가워지므로 삼복(三伏)이라 하여 보양식을 먹어서 차가워진 속을 따뜻하게 덥혀주고 겨울에는 외부 온도가 차가우므로 내부로 열이 모여 속이 더워진다. 이것을 식혀주기 위해 냉면과 동치미 등을 먹는다.

이와 같이 신체는 지구의 환경이 변화하면 저절로 생명력의 길항작용(拮抗作用)을 통하여 유기적으로 지구 환경과 조화롭게 균형을 이루어 생존을 도모하게 된다.

봄이 시작되면 만물을 살리는 기운이 강하고 특히 여름에는 모든 만물이 활기차게 쭉쭉 성장하게 만든다. 가을이 되면 성장을 멈추고 서서히 결실을 만들고 알곡이 되지 못한 것들은 모두 다 죽음으로 내몰린다. 겨울에는 알곡을 저장하여 내년 봄에 씨앗으로 새로운 여정을 시작하는 것이 특징이다. 이러한 생장염장(生長鹽藏)의 생존 주기는 식물과 곡식에만 있는 것이 아니다. 인간에게도 생로병사(生老病死)란 개체의 생존 주기가 있다.

현재 지구는 태양을 중심으로 한 공전 주기가 있고 우리의 태양계는 어느 행성을 중심으로 한 태양계의 공전 주기가 있다. 지구가 공전하고 있는 태양은 더 중심부에 있는 중심 태양을 중심으로 지구가 속해 있는 태양계에 있는 행성들은 다 같이 공전을 하고 있다. 태양계가 중심 태양계를 한번 공전하는 주기를 정역을 지으신 김일부 선생님께서는 129,600년이라고 하셨다. 지구의 공전 주기를 1년이라고 하는데 태양의 공전 주기가 129,600년이라니 어마어마한 시간이다.

문제는 지금과 같이 한순간에 인류의 모든 문명의 이기(利器)마저 무력화시키고 지구촌에서 벌어지고 있는 코로나바이러스의 출현, 지진, 홍수, 화산 폭발, 기후 이상 등의 징후로 보았을 때 과연 지구가 속해 있는 우리 태양계는 우주의 시공간의 좌표 어디쯤 점유하고 있는지 궁금하지 않을 수 없다. 모든 형상 가진 것들은 때가 되면 사라지는 주기를 반드시 가지고 있다. 이것을 생자필멸(生者必滅)이라고 한다. 생자필멸(生者必滅)의 주기는 성주괴공(成住壞空)의 주기를 갖는다.

현재 이러한 여러 가지 기후 환경 변화의 징후로 미루어 보아 커다란 우주 사계절 속에 지구가 속한 태양계의 좌표가 비유하면 여름에서 가을로 넘어가는 하추교역기(夏秋交易期)에 걸쳐 있다는 옛 어른들께서 말씀이 지금쯤이 아닌가 싶다.

② 첫서리의 징조

모든 큰일은 일이 벌어지기 전에 '징조'와 '조짐'이라는 전조증상이 있다. 건강이 나빠지기 전에 나타나는 다양한 전조 반응들, 배가 난파될 거 같으면 쥐들이 출항하기 전에 배에서 모두 내린다는 이야기, 까치가 울면 손님이 온다는 이야기, 우리도 일상에서 가끔 불길한 징조든 길한 징조든 경험을 해보았을 것이다.

세계의 전란(戰亂)과도 같은 코로나바이러스가 출몰하기 전 과연 어떠한 징조와 조짐이 있었을까? 조류 독감, 구제역, 신종 플루, 사스, 메르스 등 크고 작은 수많은 바이러스들이 나타났었지만, 인류는 잘 극복하고 넘겼다. 이러한 것들이 큰 위험을 예고하는 징조였다는 것을 모르고 무심히 넘겼다. 그러나 이것들이 징조였다. 이런 징조를 필자도 가볍게 생각하고 전처럼 코로나바이러스도 여름이 되면 다른 감기 바이러스처럼 금방 사라질 줄 알았다. 하지만, 예상은 보기 좋게 빗나갔다. 코로나바이러스는 자연환경에 최적화되면서 변이로써 진화를 거듭하고 있다. 이것이 하추교역기(夏秋交易期)라는 것을 방증하는 것 같다. 이러한 변화는 인류 삶의 방식을 바꿀 것을 요구하게 된 것이다.

이 말인즉 코로나바이러스가 가을 첫서리처럼 내리며 된서리의 징조와 조짐으로 내리고 있다고 보면 적당한 비유로 맞을 것이다. 첫서리는 가을의 죽이는 기운이 처음 내리는 것을 말한다. 첫서리가 내리면 천지의 기운은 변화하고 천지의 식물들은 생명의 기운을 잃는다.

바이러스들은 대부분 온도, 습도, 계절의 특성을 극복 못 하고 대부분 일정 조건 속에서 활동을 하다 온도 습도가 변화하면 사멸하는 것이 대부분이다. 그러나 코로나바이러스는 예상을 깨고 온도, 습도, 계절의 특성을 몇 차례의 변이를 통하여 완전히 극복하여 전 세계를 두려움과 공포로 몰아넣고 인류의 일상생활 패턴을 일순간에 바꾸게 한 유일한 바이러스가 되었다.

이러한 바이러스의 출몰을 두고 인류가 자연을 공생의 관계가 아닌 정복의 대상으로 놓고 무분별하게 정복하여 기후를 변하게 한 대가가 이러한 사건을 초래하였다고들 한다. 틀린 말은 아니다.

하지만, 더 큰 시각으로 보면 코로나바이러스와 같은 바이러스가 출몰하고 변이로써 진화를 이어갈 수 있는 최적의 환경이 지구와 태양계의 우주의 시공간의 좌표가 여름에서 가을로 넘어가는 때가 되어 출몰하였다. 고 하는 것이 어쩌면 더 확실한 표현일 수 있을 것이다.

이러한 것은 현대사에서 처음 겪는 일이니 그 누구도 앞날을 단언할 수 없고 해답을 제시해 줄 수도 없다. 된서리가 오기 전 우리는 코로나가 곧 끝날 것이라는 막연한 인간적 기대감을 버리고, 의·과학에 의존성을 최소화하고 스스로가 된서리를 대비하는 지혜의 눈을 떠야 한다.

 이 세상에 어떤 일이 그 누구의 잘못으로 발생했다 하여도 나의 생존이 위협받게 되었다면 그 누구에게 책임을 전가하고 탓한다 해도 소용없다. 결국은 나 자신이 고스란히 겪어내야 할 나의 몫이다.

 모든 우주와 자연계, 그리고 인간의 의식이 재정렬, 재편집되고 있는 전조증상이 있다. 첫서리가 왔으니 이제 곧 된서리가 올 것이다.

③ 된서리(청소부의 출현)
 첫서리가 오고 나면 곧 뒤따라 된서리가 온다.
 된서리와 같이 오는 것은 지구의 정화작업을 하는 청소부들이다. 지구의 청소부들은 자연의 법칙을 따르지 않아 제 역할을 하지 못하거나 역할이 끝난 유기체의 생명을 앗아 분해·해체하여 지구 정화작업을 한 뒤, 다음에 올 새로운 뭇 생명체들의 생활 환경을 확보하여 주는 순기능 역할을 하는 존재들이다.

 이와 같은 지구의 청소부들은 바이러스, 세균, 염증, 구더기, 파리, 초파리 등과 같은 것들이 있다. 과학계에서는 이것을 엔트로피 법칙 즉 무질서의 증가라고도 한다
 이 지구의 청소부들은 가을에 첫서리가 내린 뒤 뒤이어 된서리로 내려 알곡과 제 역할을 다한 것을 제외하고 씨 맺지 못한 식물의 잎

과 줄기를 죽이고 완전하지 않은 동물과 사람의 목숨도 거둬들여 분해 및 해체를 하여 모든 에너지를 개체가 형성되기 전의 근원에너지로 환원시킨다.

 지구의 청소부들은 주로 불가(佛家)에서 말하는 사생(四生) 가운데 화생(化生)에 해당한다. 이러한 청소부는 해체되어야 할 대상에 정확하게 해체할 수 있는 조건에 맞게 맞춤형으로 저절로 생겨나서 충실히 자기 일을 수행하고 대상이 완전 해체가 되면 스스로 사멸해 버린다. 코로나바이러스가 사멸하지 않는 이유는 아직 수행해야 될 임무가 있다는 뜻이다.

 만약에 우주 자연의 근원 에너지와 부합하지 못하는 유기체들을 청소부들이 해체·분해하지 않는다면 우리 인류는 살아갈 수 있는 땅덩어리들이 없고 지구는 온갖 유기체의 사체들로 온 들과 산천이 쌓여 있어 살 수 없는 곳이 되어 버릴 것이다. 나 자신이 자연의 법칙에 순응하지 못한 것을 알기 위한 방법이 있다. 스스로에게 질병은 없는가? 정신적 괴로움은 없는가? 등의 질문을 던지고 자신의 몸과 마음을 관찰해보면 저절로 알 수 있다.
 질병이나 정신적 괴로움이 있다면 자연의 법칙에 순응하지 못한 결과를 증명하는 징표와 신호가 된다. 정신적 괴로움을 주고 몸의 세포에 염증과 질병 그리고 통증을 주어 해체 작업을 시작하는 신호를 감지하면 나 자신이 자연의 법칙에 순응하지 못한다는 것을 인식하고 다시 자연의 법칙에 순응할 기회로 삼아야 한다.

그럼에도 불구하고 계속 신호를 인지하지 못하고 무시하면 괴로움과 질병, 기타 방법으로 목숨을 끊어버리고 세균, 구더기, 파리, 초파리 등의 청소부를 화생(化生)시켜 형체를 분해 해체하여 근원에너지로 환원시킨다.

지구의 청소부가 화생(化生)했다는 증거를 보자. 예를 들어 여름에 포도를 먹고 껍질을 잠시 놓아두면 초파리가 생긴다. 이 초파리는 어디에서 왔는가?

쌀을 뒤주에 넣어두면 쌀벌레가 생긴다.

과연 쌀벌레는 어디에서 왔는가?

포유류들도 죽으면 내장부터 구더기가 발생해 썩기 시작한다. 과연 그 구더기는 어디에서 왔는가?

저 산속에서 똥을 누면 한참 후에 가보면 똥파리가 생겨 열심히 똥을 분해 해체한다.

그 똥파리는 어디서 왔는가?

이것은 하나의 우주 자연이 돌아가는 섭리(攝理) 또는 법칙인 것이다. 현재 코로나바이러스는 강력한 청소부 중에 가을 첫서리와 같은 선발대라고 생각하면 되는 존재들이다.

코로나바이러스는 옛 어른들이 말씀해 놓으신 소두무족(小頭無足), 머리는 작고 다리는 없는 것들이 창공을 날아다니며 사람을 죽인다, 라는 말씀을 생각나게 한다.

이것이 말로만 듣던 병란(病亂)일 수 있다는 사실에 놀라지 않을 수 없다. 가을 서리가 내리면 온 산천초목의 싱그러웠던 초원들이 힘을 잃어버리고 생명의 기운이 서서히 사라진다.

그다음에는 된서리가 온다. 씨 맺은 열매는 수확이 되고 그러지 못한 것은 생명을 잃게 된다. 옛날에는 가을에 추수하여 '키'라고 하는 것에 쭉정이와 알곡을 올려놓고 까불면 쭉정이들은 바람에 날리어 알곡과 구분이 되고 버려진다.

그래서 "까불면 죽는다"라는 말 속에 이 시대를 은유해 놓은 것이 아닐까 생각도 해본다.

마치, 도인인 양 흉내 내는 사람들, 자기 잘났다고 자랑하는 자들, 자신이 하늘의 계시를 받았다고 하는 사람, 교주라고 주장하는 사람, 구원받았다고 떠드는 사람, 이런 쭉정이들이 가을 서리가 내리고 까불면 가을바람에 날리어 저절로 버려지고 죽음으로 내몰린다는 뜻이다.

된서리는 지금과는 비교할 수도 없는 대대적인 지구의 대청소를 할 텐데 어떠한 형태로 우리에게 다가올까? 전 세계 인류를 두려움과 공포로 다가올 수도 있다. 아마도 공기 간 전염. 인수(人獸)전염, 이종(異種)간 전염 등 높은 치사율과 전염 속도가 지금과는 비교할 수 없고 상상할 수 없을 정도로 빠른 병원균들이 올 것이다.

이제는 된서리가 오기 전에 우리 인류는 과학과 의학에만 의존할 것이 아니라 하나의 유기체로서 지구 환경의 변화에 적응할 수 있는 상태로 의식과 육체의 진화를 통해 '자연면역인자'가 되어야 할 시기가 된 것이라고 생각한다.

4 피난

예로부터 전란(戰亂)이 일어나면 사람들은 전쟁의 참화로부터 피난(避難)길에 올라야 했다.

우리 민족은 외세의 침략을 거의 1,000회 가까이 받았다고 한다. 전란(戰亂)이 일어나면 전쟁의 참화로부터 피난(避難)을 하는 것은 당연한 일이다. 지금 우리 인류는 전란(戰亂)에 버금가는 병란(病亂)을 겪고 있다. 과연, 코로나 팬데믹의 병란(病亂)에는 우리는 어떻게 어디로 피난(避難)을 해야 목숨을 보전할 수 있을까?

인류의 의학은 치료학도 중요하지만 바이러스와 같은 병원균 예방과 면역력이 우선되어야 한다.

그러나 코로나와 같은 병란(病亂)에는 인류의 과학 의학이 힘없이 무력화되고 마는 안타까운 현실이 되었다. 코로나를 잡기 위해 다양한 백신을 개발하고 치료약을 찾으려고 노력해도 지구 청소부들인 신종 바이러스와 같은 화생(化生)은 인류의 과학, 의학보다 항상 한 발짝 앞서가기 때문에 사실상 예방하기가 어렵다. 신종 바이러스가 출몰하면 인류의 의·과학은 허둥대며 뒤따라가고 또 변이를 일으키면 또 뒤따라가고 할 뿐, 미리 앞서서 예방할 수가 없다.

더 이상 인류의 문명의 이기(利器)가 안전과 생명을 보장해 줄 수 없는 시기가 되었다. 집중호우, 태풍, 지진, 가뭄, 폭설, 바이러스 등 대자연의 변화 앞에서는 인류의 최첨단 과학마저 무력하게 무너져 내리는 모습을 이미 수없이 많은 경험을 하였다. 그래서 이제 개인의식의 진화를 통해 자연계와 유기적 호환으로 '자연보건면역인자'로 거듭나서 병난(病難)을 극복하는 체질로 전환되지 않으면 안 된다.

이제 최고의 백신은 인간 스스로가 '자연보건면역인자'로 거듭나는 것이다. 그러면 개인이 '자연보건면역인자'로 거듭나기 위해 어떻게 해야 하는 것일까?

현재의 인류가 진화와 문명을 창조하기 위해 가지고 있던 것들 중 거친 마음(감정)을 더 이상 가지고 있지 말고 버리면 되는 일이다.

앞으로 오는 시대에서는 거친 마음(감정)은 도저히 적응과 생존에 적합하지 않은 것이다. 인간이 감정을 가진 것은 아담과 하와가 선악과(善惡果)를 따먹은 것과 같이 금단의 열매를 취한 것이나 다름없다.

옛 어른들이 말씀하시기를 병자호란이나 임진왜란이 일어났을 때는 산이나 들로 피난(避難)을 하여 목숨을 구하라고 하였다. 지금 같은 시기에는 각자 집을 떠나지 않는 것이 가장 좋은 피난(避難) 방법이라고 이야기했다

또한 이 시기에는 소두무족(小頭無足)의 괴질이 창궐하여 사정없이 인명을 앗아 간다는 말씀을 해 놓으셨다. 머리는 작고 다리가 없는 것들이 허공을 날아다니며 사람들의 목숨을 앗아간다는 뜻이다. 옆 사람과 자손조차도 돌볼 여유가 없다고 한다.

이 시기를 불교에서는 말세(末世)라고 하며 미륵불이 출현해서 억조창생을 구해주고 기독교에서는 심판의 날이라 하고 메시아가 출현하여 구원한다고 하였다. 서양의 예언가 노스트라다무스나 에드가 케이시 등도 이 시기에 많은 사람이 목숨을 잃고 인류의 역사가 암울할 것이라고 하였다.

이때의 살길은 산으로 피난하는 것도 아니요, 어디로 떠나서 피난(避難)을 하는 것도 아니요, 비행기를 타지 말고 집을 지키라고 하였다.

그리고 자신의 내면에서 십승지(十勝地)를 찾으라고 하였다.

지금 인류가 겪고 있는 병란(病亂)에서의 피난(避難)은 예전의 전란(戰亂)처럼 안전한 지역으로 피난(避難)이 아닌 육체의 진화를 통한 환경 적응과 파격적인 의식의 진화를 통하여 전혀 다른 차원의 피난(避難)을 요구하는 것이다. 그럼 내면의 십승지(十勝地)가 무엇이며 어떻게 찾아야 하는가? 원래 감정이 형성된 이전의 에너지 얽힘이 없는 근원 자리가 바로 십승지(十勝地)이며, 이곳으로 피난(避難)을 해야 하는 것이다.

마음 나기 이전 자리로 돌아가는 피난(避難) 방법은 개체성의 거칠고 불완전한 의식의 주범인 3차원의 거친 감정체를 와해하고 입자가 고운 감정으로 회귀(回歸)하는 것이다. 이것이 지금 벌어지는 이 대병란(大病亂) 시기에 완벽하게 완전한 피난(避難)을 하는 방법이다.

5 진화의 요구

 문제는 수만 년을 감정과 육체노동에 의지해 환경에 적응하는 문화 속에 살아왔던 인간이 채 200년도 안 되는 짧은 시간 동안 비약적인 생산 기술이 발전하여 환경에 적응하는 방식이 급격하게 변화하게 되면서 기존에 의존했던 감정이 다양화되며 변화된 사회에서 오히려 삶의 발목을 잡는 형국이 되어버린 것이다.

 우리나라만 해도 6.25 발발로부터 70여 년밖에 지나지 않았지만 지금은 반도체 세계 최강국이 되었다. 4차 산업이라는 인류의 유례없는 거대한 변혁의 길목에서 세대 간 정보의 습득 양과 소통 방식의 차이로 구시대와 신시대가 동시대에 살고 있는 형국이 되었다.

 불의 발견과 도구의 사용, 글자 사용, 전기의 사용, 산업혁명, 컴퓨터의 사용 등 인류는 변곡점이 있을 때마다 기존 삶의 방식에서 전혀 다른 삶의 방식을 모색하고 새로운 삶에 적응해왔다. 메타버스와 코로나바이러스의 출현은 인류로 하여금 최초 불을 발견한 그 거대한 전환점에 버금가는 획기적인 삶의 변화를 요구하고 있다.

 코로나로 인한 활동 반경 제약, 경제적인 불안 등으로 심리적 피로감의 누적과 모바일을 통한 세계의 다양한 정보에 과다 노출됨에 욕구의 다양성과 해소 방식, 지향하는 목표 등이 서로 다르다 보니 정신 건강에 심각한 문제가 발생하게 되었다.

코로나 팬데믹과 메타버스의 시대를 맞이하여 기존에 사용하던 거친 감정의 마음으로는 도저히 적응하고 생존할 수 없는 상황이 되었다. 인류는 출몰 이후 지금까지 개체 중심으로 형성된 감정체를 사용하여 괄목할 만한 정신, 과학, 의료, 문화, 철학 등이 비약적인 발전을 하였다.

하지만, 인류가 사용하던 감정체는 너무나 입자가 거친 감정으로 인한 부작용(전쟁, 다툼, 살인, 범죄, 트라우마, 공황장애, 불안, 우울, 분노, 심인성 질환 등)을 해결하지 못하고 있으며 공동체 안녕의 문제를 야기시키고 개인의 삶의 질 또한, 저하시키고 있다.

개체성이 해체되어 전체성으로 거듭나지 않으면 앞으로 오는 시대에 어쩌면 인류는 공멸(公滅)할 가능성이 매우 높다. 왜냐하면 태양계의 우주적 좌표가 변화함에 따라 지구 펄스장과 기후 환경 변화는 지구상의 유기체들의 다양한 양상의 생리 변화와 적응을 요구하게 되기 때문이다.

따라서 적응과 생존의 관점에서 우주 자연환경 변화에 유기적으로 호환되어야 하는데 인간의 이기심이 근본으로 형성된 거친 감정은 이 변화에 발맞추기가 가장 큰 걸림돌이 되었다.

그래서 정형화된 거친 감정체를 완벽하게 해체할 수 있는 정신 건강 회복의 새로운 기법이 절실하게 필요한 시대가 되었다.

지금 우주 자연 기후 환경과 과학은 인류에게 또 다른 진화를 요구하고 있다.

8장
감정와해기법

우주 자연은 항상 균형과 조화를 우선시한다.

1 문제 제기와 해결책

현재 전 인류가 동시에 겪고 있는 가장 큰 이슈 두 가지는 4차 산업과 메타버스의 도래, 또한 제어할 수 없는 코로나바이러스의 출현이다. 이러한 변혁의 중심에 서 있는 혼돈에 빠진 인류는 과연 어떤 방향으로 나아가야 하며 어떻게 변화해야 하는가?

지금 인류는 기후 변화와 첨단 과학에 의해 변화와 진화를 강요당하고 있다. 그러면 어떻게 해야만 이 지구의 자연계에 최적화된 상태로 적응하고 생존을 할 수 있을까?

지금까지 인류는 수많은 다양한 위험 요소들을 극복하고 지구상의 최상위 포식자가 되었으며 또한 다양한 문화와 문명을 건설해 왔다. 그러나 작금(昨今)의 벌어지는 현상은 이전의 현상과 전혀 다른 양상이다. 과연 이러한 현실을 타개하기 위해서 앞으로 가장 적절한 생존 전략은 무엇인가를 생각해 보아야 한다.

산업 혁명과 컴퓨터의 출현을 기점으로 인류는 거침없는 과학 문명이 꽃을 피우고 상상할 수 없는 발전을 하고 있다. 이제는 AI(인공지능), 4차 산업 시대와 메타버스 시대를 맞이하면서 유례없는 세대교체가 이루어지고 있다. 이제는 인류가 상상하는 모든 것이 현실이 되는 시대가 열릴 뿐만 아니라 가상과 현실의 세계조차 경계가 모호한 세상이 펼쳐지고 있다.

과학과 기술이 융합된 뒤의 발전과 변화의 속도는 지금은 느낄 수조차 없이 빠른 속도로 질주하고 있다. 과학을 인류로 비유하면 인간 종(種)의 변화가 사피엔스에서 새로운 현생 인류가 탄생하는 과정과도 같다 해도 과언이 아니다. 현실은 이미 구시대와 신시대의 두 시대가 공존하고 있는 셈이다.

 과연 이렇게 상상할 수도 없는 과학과 의학 문명의 눈부신 발전이 우리 인류에게 얼마나 큰 행복을 주었을까? 이에 대해서는 "글쎄"라는 회의감이 든다. 물론 문명의 이기(利己)를 누리고 평균 수명은 괄목할 만큼 연장되었다. 이러한 발전 뒤에 인류에게는 큰 문제가 하나 발생했다.

 지금까지는 인류가 변화를 주도했다면, 이제는 인류가 그 변화에 적응해야 하기 때문이다. 인류가 환경에 적응하고 최상(最上)위 포식자가 되기까지 수십, 수백만 년의 세월이 흘렀다. 그 몇백만 년의 세월보다 지난 약 100년도 채 안 되는 세월 동안 인류는 어쩌면 감당할 수조차 없는 지경의 과학 문명을 발전시켜 왔다.

 이 지구상에 생명 가진 모든 존재는 생존에 가장 큰 과제는 기후 환경 변화와 사회적 환경 변화의 완벽한 적응이 필수이다. AI 인공지능, 블록체인, 메타버스의 등장, 코로나 팬데믹 현상 그리고 앞으로 수없이 알 수 없는 바이러스의 출몰과 지구 환경의 변화에 이제는 인류의 생존과 적응 조건에 새로운 생존 전략이 필요한 역사적 시대로 접어들었다.
 최초의 인류는 생존을 위해 자연환경(추위, 더위, 먹이 활동)과 주변의 위험(상위 포식자) 등으로부터 안전을 확보하고 환경에 최적의 적응 가능성을 높여야 했기에 뭔가 특별한 생존 전략이 필요했다. 그것이 바로 마음(감정)을 사용하여 기억을 장기간 보관하고 위험 요소가 발생하거나 생존에 필요할 때 즉각 기억을 소환하여 상황에 빠르게 대처할 수 있게 한 것이다.

그래서 인간은 다른 동물에 비교해 효율적으로 마음(감정)을 사용하여 급기야는 도구의 사용과 불의 사용 그리고 상상력을 통한 공감대를 활용한 집단생활 등으로 지구상의 최상(最上)의 포식자가 되었고 지배자가 되었다.

그러나 작금의 현시대는 코로나 팬데믹과 메타버스의 시대가 도래하여 너무나 일순간에 삶의 방식을 바꾸어야만 한다. 예전에 생존 전략으로 사용하던 마음(감정)은 이제 인류의 발목을 잡는 천덕꾸러기로 전락하고 말았다.

현시대에는 스스로가 마음을 통제하기 어려워짐으로 인해 다양한 정신적 문제(스트레스, 공황장애, 우울증, 분노 조절장애, 수면 장애) 등이 발생되고 육체적으로도 암, 난치성 질환, 대사성 질환 등으로 삶의 질이 현저히 떨어지고 있다. 또한, 자연의 환경 변화도 우리 인류의 정서적인 면과 육체적인 면에 지대한 영향을 미치고 있다.

그래서 이제 마음(감정)에 대한 새로운 패러다임을 찾아야 하며, 이 미지(未知)의 마음을 좀 더 정밀히 들여다보아 새로운 적응과 생존 전략을 찾아야 할 시점이 되었다.

현재까지 인류의 문명, 문화, 과학, 의학 등의 발전은 감정과 상상력 그리고 기억에 의존해 발전시켜 왔다. 이제는 인류가 하던 것들의 대부분은 AI 등 인공지능이 대신해 주는 시대가 되었다.

여러분도 가족 전화번호를 다 기억하는 사람이 드물 것이다. 기억 위주의 삶에서 기억을 대신하여 줄 수 있는 존재의 등장은 기억을 위해 쓰이던 거친 감정은 이제 제 할 일이 대부분 사라져 가고 있음을 보여준다. 할 일이 사라진 마음은 좌충우돌 방향을 잃어 다양한 개인적, 사회적 문제를 야기하고 있다.

원자력 발전소를 가동하여 전기를 얻었지만 쓰고 남은 핵 연료봉의 처리가 문제이듯이 이제 인류는 '지난 세월 사용했던 인간의 거친 마음(감정)을 어떻게 안전하게 처리할 것인가?'라는 과제에 봉착했다. 우주 자연은 항상 균형과 조화를 우선시한다. 그러므로 영원할 수 있는 것이다.

인류 또한 균형과 조화에 초점을 두고 개체성의 사적(私的)인 마음이 아닌 전체성인 공적(公的)인 마음으로 진화되어야만 한다. 그래야만 이 발달한 환경(기후, 산업)에 최적의 적응 전략이라 할 수 있다.

과연 그럼 이 과제를 어떻게 해결할 수 있는 방법은 있을까? 이에 대해 필자가 수행 과정에서 얻은 결과로써 지금 현재 인류가 사용하고 있는 감정을 완전히 벗어나는 효율적인 의식 프로그램 기법을 개발하여 제안하고자 한다. 심단요법(心斷療法) 즉 마음(감정) 자체를 아예 와해시키는 기법인 '감정와해기법'이 그 의식 프로그램이다.

과학, 기술은 쌓아온 기술 위에 발전하지만, 사람의 감정 체계는 사용하던 감정 토대 위에 진화할 수는 없다. 따라서 '감정와해기법'은 지금 사용하던 거친 감정 체계를 완전히 와해하고 인간의 본성 안에 내재되어 있는 새로운 고운 입자의 감정 체계를 사용할 수 있는 의식 기법인 것이다.

이것은 모든 종교에서 말하는, 살아서 모든 정신적 괴로움을 완전히 벗어나는 기법이며 특히 불교의 해탈과 열반, 깨달음과도 직접적인 연관이 있다. 또한 인간의 완벽한 영적 진화와 자연환경 적응에 최적화된 '자연보건면역인자'가 될 수 있다.

이 기법의 특이점은 생명력의 근원에너지를 이용하여 감정을 와해하는 기법으로 자각(自覺)을 통한 인지 전환과 거친 감정에서 고운 감정으로 전환되어 노력하지 않고 저절로 그냥 이루어지는 신개념 의식 기법이라는 데 있다.

2 감정와해기법이란?

본격적으로 모든 정신·심리적 괴로움으로부터 완벽하게 벗어나는 방법인 '감정와해기법'에 관하여 이야기해 보기로 하겠다.

'감정와해기법'이란 오온(五蘊)의 인연체인 가아(假我) 중심의 존재에서 진아(眞我)인 무아(無我) 중심의 존재로 존재하기 위해 무아(無我)의 생명력을 제한하고 무아(無我)와 가아(假我)를 접착제처럼 분리할 수 없게 만든 '감정'을 와해하여 무아(無我)가 주체가 되어 가아(假我)을 도구처럼 사용하게 하는 것이다.

'감정와해기법'은 지금까지 인류가 해결하지 못한 트라우마, 공황장애, 불안, 우울, 잡념, 등 정신적 문제뿐만 아니라 깨달음, 해탈, 천국, 극락, 구원 등 모든 종교에서 이야기하는 영원(永遠)의 비밀과 불멸(不滅)의 비밀이 완전히 적나라하게 세상에 드러내고 해결 방법까지 도식화하여 더 이상, 비밀이 아닌 이제는 누구나 다 알고 구현될 수 있는 보편 상식이 될 것이다. 이것을 바라는 마음이 필자의 마음이기도 하다.

그리고 스트레스로 인해 심인성(心因性) 질환 특히 암 치유라든가 난치성 자가 면역 질환 등을 예방과 치유에 가장 기본이 될 수 있다. 또한, "욕심을 버려라, 시비 분별을 하지 마라."라고 구현되지도 않고 우주 자연의 섭리에도 맞지 않는 가르침을 점잖은 모습으로 공부를 많이 한 것처럼 행세를 하며 지도하는데 사실은 본인도 모순적인 말을 하는지조차도 모르면서 이야기하고 실천하지 못하는 것을 마치

진짜 가르침인 양 가르치는 가짜 종교 지도자와 본인이 하늘의 계시를 받았다느니, 하늘의 아들이니, 하느님이니, 하는 사이비 종교와 교주들도 사라지게 될 것이다.

인간은 욕심과 시비를 하지 않고는 절대 생존을 못하도록 애당초 욕심과 시비를 하도록 디자인되어 이 세상에 나왔다.

다만, 시비분별을 하되 시비분별에 끄달림이 없이 시비분별을 할 수 있도록 의식을 진화시켜야 한다.

'감정와해기법'은 어떠한 종교적 믿음과 신념을 통하여 구현되는 것이 아니며 또한 특별한 능력 가진 사람에 대한 믿음을 가져야만 얻어지는 것이 아니기 때문이다.

부처님 입멸(入滅) 시 "이제 무엇을 의지하여 공부해야 합니까?"라는 제자들의 물음에 부처님께서는 제자들에게 그 무엇도 의지하지 말고, 자신과 자연의 법(法)에 의지하라는 법등명, 자등명(法燈明 自燈明)을 말씀하셨다. 부처님이 말씀하신 그 유언(遺言)을 지금 현실에서 누구나 구현할 수 있는 기법이 바로 '감정와해기법'이다.

누구나 자신 스스로 내면에 내재되어 있는 생명 근원에너지인 무아(無我)를 활용하는 방법이며, 스스로의 자각(自覺)이라는 정신 기전을 사용하는 것이 아주 특이하고 주목할 만한 것이다.

또한 마음의 괴로움에서 가장 쉽게 빠르게 완전히 벗어나는 최고의 방법이다. 감정이 와해되는 것 또한, 우주 자연의 공식이며 질서이자 율여(律呂)이다.

'감정와해기법'은 사람들이 믿든 안 믿든 사실이다. 마음의 생성과 소멸의 자연 법칙과 질서를 밝혀 지식으로 구체화하여 수학 공식처럼 도식화한 것이다. 내 믿음과 상관없이 존재하는 우주의 질서라고 할 수 있다.

  우주 자연의 질서를 현실로 이끌어 내어 지식화하고 보편상식화하는 것이 과학이라면 이제는 의식도 우주 자연의 질서를 도식화하여 수학의 공식처럼 특별한 공식을 적용하여 빵 공장에서 빵을 찍어내듯이 모두 같은 결과가 나와야 하는 것이 진실이고 진리이며 정신과학이라고 생각한다.

  지금은 이러한 의식 프로그램이 출현할 시대이고 정신과학(mental science) 시대가 된 것이다.

  앞으로 인류가 양자역학을 이용하거나 어떠한 최첨단 기기를 사용하여 인간의 감정을 제거할 수 있는 날이 올지도 모른다. 하지만, 아직은 인간의 감정 소비로 인한 문제는 아날로그로 해결해야 한다.

  번뇌나 잡념이 사라진 의식이 어떠한 것인지 경험해보지 않으면 추측이나 상상으로는 가늠조차 하지 못한다.

  번뇌나 잡념이 사라진 상태를 지식으로 아는 것으로 다 된 것이 아니라, 끊어진 상태에 이르러야 비로소 된 것이다.

  수많은 방법으로 스트레스를 안 받으려고 노력하는 것이 중요한 것이 아니라 그냥 저절로 스트레스가 안 받아지는 의식 상태가 되면 되는 것이다. 예를 들어 불가에서 이 세상 사람들을 둘로 나누어 시비분별하기 말라, 육신부리지 말라는 가르침이 있는데 자신의 눈에는 시비분별이 되고 둘로 나누어 보이고 욕심이 일어나는데 억지로 분별하지 않고 욕심부리지 않으려고 애쓰는 것이 아니라 저절로 그러한 상태가 되도록 뇌 기능의 변화가 동반되어야 한다.

어쩌면 이 글을 접하고 과연 그럴까? 이렇게 쉽게 정신적 괴로움에서 벗어날 수 있을까? 의구심이 들 수도 있고 또한 믿지 않을 수도 있다.

지금까지 이러한 방법은 이전에도 없었고, 수많은 종교 지도자들, 명상가들, 영성 지도자들이 이구동성으로 이야기했지만 실제로 구현되지는 않았기 때문이다.

물론 약간의 체험과 작은 깨달음이 없지는 않다. 약간의 체험과 채워지지 않는 빈 공간을 교학(敎學)과 지식을 통하여 만족감을 얻고 스스로 합리화하고 궁극에 진리에 다가섰다는 착각을 하는 어리석은 짓을 하고 있다.

전에 기술한 바와 같이 모든 괴로움에서 완전히 벗어나는 길은 각자의 의식 속에서의 시간성(時間性)을 초월하여 동시성을 성취해야만 하는 것이라고 이야기한 바 있다. 우리의 의식 속에 시간성의 형성은 생존을 위해 우리 인식 기관이 불가피하게 생성된 인식 오류의 허구성으로 착각을 하게 만든 장본인이 바로 '감정'이라고 말한 바 있다.

이 세상은 다양한 차원의 시공간이 존재한다.

인간에게 다양한 차원을 결정짓는 것은 감정의 상태에 따라 결정

된다. 우리가 사는 지구의 존재도, 나의 의식 속 시간성 안에서 존재하는 것이며, 시간성을 초월했을 때에는 현상의 변화는 없지만 내 의식의 변화로 새로운 관점으로 세상을 보는 또 다른 존재의 형식을 띠게 된다. 인간이 괴로움을 느끼는 수준의 차원은 3차원 감정일 때 가장 절정에 이른다.

 3차원의 감정은 지금까지 인류가 환경에 적응과 생존이라는 관점으로 형성되다 보니 다소 격정적이고 거칠어서 많은 문제점이 있다. 3차원을 만들게 된 원재료인 감정 분자의 밀도가 고운 입자의 감정 분자의 얽힘이 없는 감정 분자로 회귀해야만 한다.

 완전한 깨달음이라고 하는 것도 의식의 어떠한 한 상태이며 이것은 완전한 시간성을 초월해서 모든 것이 동시성이어야만 가능한 것이다.

 이 시간성을 초월하기 위해서는 시간성과 차원을 만드는 질료인 감정 자체를 완전히 와해해야만 한다. 감정을 와해한다는 것은 내 의식 속의 차원과 차이를 제거하여 평상심(平常心)을 구현한다는 것이다. 우리가 무엇을 만족감을 느끼고, 어떠한 감정에 휩싸이는 것은 내면의 의식의 높낮이와 이해의 차이가 있기 때문이다.

 '감정와해기법'은 생명의 근원에너지를 활용하여 차원이 형성되기 이전의 근원의식으로 돌아갈 수 있다. 이것이 무자성(無自性) 즉 공(空) 일체의 고정된 에너지 얽힘 현상이 없는 상태를 일컫는 것이다. 일반적으로 명상이나 참선 등을 통해서도 이 상태에 도달할 수도 있다. 하지만, 수많은 수행자와 명상 수련자, 영성 지도자들도 이 내용은 알지만 획득하는 방법은 잘 모른다.

일정 부분 어떠한 환상적인 경험을 할 수는 있어도 그 이상 나아가기가 힘들다. 왜냐하면, 정작 중요한 것을 모르기 때문이다. 그래서 아는 것이 중요한 것이 아니라 그렇게 될 수 있는 것이 중요한 것이다.

현재 종교에서 이야기하는 방법이나 각종 명상가 영성 지도자들이 제안한 방법들이 맞다면, 현재 우리가 처해 있는 정신적 문제인 트라우마, 공황장애, 불안, 우울, 분노 등의 정신적 고통에서 쉽게 벗어날 수 있어야만 진정한 가르침이며 진정한 방법이라 할 수 있을 것이다. 종교를 신앙하고 있거나 어떠한 스승으로부터 명상이나 참선을 지도받고 있는데 아직도 트라우마, 공황장애, 우울, 불안, 잡념 등으로 고통 받고 있다면 그것은 진정한 가르침이 아니며 여러분은 그들에게 인생과 시간을 도둑맞고 있는 것이다.

마음과 감정이 와해되는 것은 어떠한 지식이나 논리로 아는 것도 아니며 구현되는 것도 아니기 때문이다. 그리고 그들이 지도하는 방식을 보면 논리와 경전을 통한 논증은 상당히 일리가 있고 모두의 동의를 구하기 쉽다. 하지만, 그것을 구현하는 방법은 상당히 모호하다.

어느 경전에도 감정을 와해하라는 말은 나오지 않는다. 그리고 그 감정이 와해되는 상태를 상세하게 매 과정 과정을 기술해 놓은 곳도 없다. 일반적 명상을 하는 수준의 상태에서는 깊은 감정은 와해되지 않는다. 인생의 본질적인 괴로움의 원인이 되는 제8식 아뢰야식인 업장으로부터 완전히 벗어나는 방법으로는 한없이 부족하다.

 좀 더 내밀한 자신의 생명력(본성, 성령, 불성 등)의 향상성이 발현되어 그것이 자연스레 감정 자체를 와해하게 하여야 한다. 가아(假我)가 형성되었을 때 나라고 하는 느낌이 존재하는데, 이 느낌이 파장과 파동으로 존재하는 것이다. 무엇이든 개체성을 띠게 되면 항상성에 의해 계속 존재하려는 속성이 있다.
 이것을 와해하려면 더 강한 파동으로 그 에너지 얽힘 현상을 단절시켜야만 가능하다. 그래서 보신(保身)의 불성(佛性)과 강력한 법신(法身)의 에너지와 공명, 공진 현상을 일으키도록 하여야만 현재 의식이 인지하지 못한 채 제 8식 아뢰야식에 저장된 업장이 와해가 되는 것이다.

 현대 심리학에는 의식 분류 체계인 현재의식, 잠재의식, 무의식, 공동의식(집합의식) 등으로 분류한다. 공동의식의 근간은 파동 내지 입자 고운 감정 에너지 상태라고 생각하면 된다.

 어떠한 에너지 얽힘 현상이 없는 상태 즉, 나의 의식이 어떠한 감정 에너지에도 머물 수 없는 감정이 완전히 와해가 된 일상의 상태가 된 공동의식의 직접 사용은 '감정와해기법'이 추구하는 최종의 의식 사용법이다.

공동의식(감정이 형성되기 전의 감정의 재료)이 정형화되어 가는 과정에서 무의식 잠재의식 등이 형성될 때 개체성이 근간으로 형성되면서 심각한 인지 왜곡의 부작용이 발생된 것이다. 이 인지 왜곡의 부작용을 바로잡으려면 정형화되어 고운 감정 분자의 발현을 가로막는 거친 감정 분자들의 근간인 무의식을 완전히 해체하여야 한다.

그러기 위해서는 먼저 각성된 의식으로 무의식(제8식 아뢰야식)을 탐사하여 현재 의식이 인지하지 못하지만, 무의식에 각인되어 나의 삶을 완전히 장악하고 있는 다양한 정보와 감정들을 완전히 박리시키고 와해시켜 인식을 시공간의 동시성 안으로 재정렬시켜야 한다.

각성된 의식으로 무의식을 탐사하고 생명력의 향상성을 제대로 발현시켜 자신의 의식의 시간성을 동시성을 확보하는 것이 핵심 키워드이다.

'감정와해기법'은 무의식 속의 감정을 아주 강력하게 해체·와해시키는 의식 요법이다. 노력하지 않아야 하고, 애쓰지 않아야 원하는 효과를 얻을 수 있는 것이 가장 큰 특징이며 '감정와해기법'의 핵심 마스터키이다.

우리는 항상 무엇인가 노력을 해서 얻으려 하는 습관이 있다. 노력하지 않고 얻어지는 것이 없다. 라고 생각한다.
그래서 노력을 안 하는 것이 쉽다, 라고 생각할 수도 있지만 정작 노력하지 않는 것이 얼마나 어려운지를 '감정와해기법'을 구현하다

보면 알게 된다. 너무 쉬워서 어려운 요법이기도 하다.

  식당의 벽을 보면 "너의 행사를 여호와께 맡기라!"라는 액자를 많이 볼 것이다. 이것이야말로 우리에게 알려주는 정말로 핵심적인 가르침이다. 내가 개입해서는 근원적인 해답을 얻지 못한다.
  오히려 더 힘들고 어려운 것만을 만들어 내고 있다. 우리는 무언가를 하는 곳에는 꼭 '내가'라는 것이 개입되어 있다.
  '나'라고 하는 것은 에고의 감정이 정형화되어 있는 상태이기 때문에 괴로움에서 벗어날 수가 없다. 괴로움의 소멸을 원한다면 그냥 맡겨야 한다. 그러면 저절로 얻을 수 있다.

  우리가 삶을 살아가면서 정작 가장 중요한 것들은 노력하지 않아도 얻을 수 있는 것들이 많다. 우리가 숨을 쉬는 것도 노력하지 않아도 저절로 된다. 심장이 뛰는 것도 저절로 뛰고, 소화도 저절로 된다. '저절로, 자연스럽게 이루어지는 일'을 우리가 노력해서 하려고 할 때 문제가 발생한다. 공기, 햇볕, 시원한 바람, 계곡의 물, 청량한 숲 등 자연 그대로의 날것들은 노력하지 않아도 우리 주변에 늘 있다.

  진정 마음속 괴로움에서 벗어나고 싶다면 노력하지 않고 얻는 방법을 터득해야만 한다. 그래야만 무의식 속의 생각과 감정을 박리 해체시킬 수 있으며 다양한 감정 분자의 부작용(트라우마, 공황장애, 불안, 우울, 분노, 심인성 질환, 난치성 질환 등)을 근치(根治)할 수 있게 된다.

고운 입자의 감정 에너지인 공적인 감정 에너지를 사용하여야만 괴로움이 완전히 소멸하며, 내가 괴롭고 싫은 것은 타인에게도 하지 않게 된다. 그리고 구도자들이 갈구하는 깨달음이라는 것도 성취할 수 있다.

'감정와해기법'은 무엇을 얻는 공부가 아니라 가지고 있는 감정을 와해하여 버리는 공부이며, 그러면 저절로 드러나는 원래 태어날 때 가지고 있던 우주의식인 무아(無我)가 나라는 존재라는 것을 확인하는 공부이다.

③ 감정와해기법의 특징

'감정와해기법'의 가장 큰 특징은 특정 종교의 교리나 특별한 사람의 논리와 주장 그리고 세상에서 그렇다고 정의해 놓은 것을 받아들이는 것이 아니라 스스로가 주관적인 체험을 통한 자기만의 답을 얻어가는 길이다.

(1) 생명력(본성, 불성, 성령 등)의 항상성(恒常性)을 활용하는 기법이다.
(2) 마음의 형성 과정을 이해하고 이성과 감성을 분리 와해한다. 애를 쓰지 않는 법을 익힌다.
(3) 감정와해를 통한 근육 이완 및 저절로 복식호흡이 된다.
(4) 지각(안지각, 청지각, 향지각, 맛지각, 촉지각) 작용의 이해
(5) 자각(自覺)을 통 한 인지 전환 및 관점 전환
(6) 최단시간 내에 트라우마, 공황 상황과 불안 등 일체의 감정을

와해할 수 있다.
(7) 시간과 장소의 제약이 없다.
(8) 수면선(睡眠禪)으로 수면 상태에서도 가능하다.
(9) 괴로움의 근원으로부터 완전히 벗어난다.
(10) 단계별 프로그램이 있으나 의식 수준에 따라 건너뛸 수 있다.

〈감정을 와해하는 과정에서 나타나는 의식의 변화〉
1단계: 상상(이미지)이 되지 않는다.(단, 기억은 사라지지 않는다.)
2단계: 잡념이 사라진다.
3단계: 시공간 개념이 서서히 사라진다.(사물의 구분이 사라진다. 濟物)
4단계: 이성과 감성의 박리현상이 발생하며 그것을 자각하는 알아차림의 힘이 강력해진다.(호흡이 밑으로 떨어져 복식호흡이 저절로 됨)
5단계: 남음이 없는 상태가 된다.(주간 활동 시 겪었던 갈등이나 문제 등이 퇴근해도 기억은 존재하지만, 그 당시 감정 이입이 사라진다)
6단계: 상황 대응 시 감정은 있되 육체의 동요가 사라진다. 생각하되 생각의 궤적이 남지 않는다.
7단계: 시공간의 동시성 확립(살아 있다는 사실감이 사라진다. 시간이 있되 시간을 느끼지 못한다)
8단계: 無我體得 (자신을 정의 내릴 수가 없어진다.)
9단계: 무아(無我)라는 의식마저도 사라지는 상태

(宇我一體: 내가 있다, 없다의 경계가 사라진다)

10단계: 늘 눈을 뜨고 있어도 시공간을 인식하되 인식의 흔적이 없다.(생각이 감정에 머물지 않는다.應無所住 以生起心)

※ 단계의 분류는 의미가 없다.

의식이란 한순간에도 모든 단계를 넘을 수 있고 평생을 해도 한 단계도 넘지 못할 수 있기 때문이다. 이 단계는 땅의 특성인 물질계에서 벗어나 하늘 특성인 비 물질계로 의식의 전환을 말하는 것이며, 이기심이 이타심으로 확장되어, 이기의 완성을 의미한다.

이기(利己)의 완성은 무아(無我)가 가아(假我)의 감정으로 인해 주의가 제한되어 작용하는 것을 렌즈 역할을 하는 감정을 와해함으로써 주의가 확장되어 모든 사물과 우주가 주의 안으로 들어오며, 뇌 시신경의 변화로 눈의 동공이 확장되어 사물의 경계가 무너짐으로 분별심이 있되 분별을 하지 않는 상태가 된다.

그리고 항상 긴장된 몰입이 아닌 이완된 몰입 상태 즉, 삼매(三昧) 상태 의식이 되어 일상을 사는 평상심(平常心)을 완성하여 삶을 살게 된다.

또한, 이러한 과정에서 통상적 상상력이 배제되므로 상상력을 사용하는 것이 아니라 생명력의 직관과 무의식 신경을 사용하는 것이 매우 특이하다.

이를테면 공이 눈앞에 날아오면 우리는 생각할 겨를도 없이 몸이 알아서 피하게 된다. 이것이 생명력의 직관이 작용하는 방식이다. "공이 날아온다. 피하자" 하는 순간에 공에 부딪히고 만다.

우리가 사용하는 상상력은 감정이 바탕이 되고 입력된 정보의 이합집산 범위 내에서 가능하며 아주 제한적인 상상력을 사용하게 된다.

하지만, 감정을 와해한 상상력은 아주 강력한 생명력의 직관으로써 작용하며 이것을 지혜(智慧)라고도 한다. 척 보면 아는 것이다.

4 완전한 자유

금강경에 이런 구절이 있다.

응무소주 이생기심(應無所住以生起心)

이 구절의 뜻은 "마땅히 머무른 바 없이 마음을 내어라"이다. 이 사구게(四句偈)가 불교의 최종 목적지라고 할 수 있다. 이런 의식의 상태가 되면 불교 공부는 끝났다라고 생각하면 된다. 천수경의 심약멸시 죄역망(心約滅時 罪亦忘)과 의미가 비슷하다.

잠깐, 위 금강경 사구게에 얽힌 이야기와 불교의 특징을 아주 잘 드러나게 한 재미있는 이야기를 하고 본론으로 들어가 보겠다.

옛날 중국에 5조 홍인 대사로부터 법맥을 이은 6조 혜능 선사라는 분이 계셨다. 그는 일자무식 오랑캐족으로 나무를 하여 노모(老母)를 모시고 생계를 꾸려가던 중 주막집을 지나다가 어떤 스님이 위

금강계 사구게를 독송하는 소리를 듣고 문득, 깨달음을 얻어 5조 홍인대사를 찾아가 출가를 하였다고 하는 이야기가 서려 있는 구절이다.

　6조 혜능대사가 시사하는 점이 매우 중요하고 크다. 그 당시에는 출가자들은 대부분 공부를 많이 하고 부유했던 귀족 양반들이나 출가하던 시기였다. 그러나 서술했듯이 혜능대사는 일자무식 오랑캐라고 불리던 족속이었다.

　그가 어떻게 당대의 내로라하는 석학들을 제치고 5조 홍인 대사의 법맥을 이을 수 있었을까?

　불교의 깨달음은 많이 아는 것이 아니라, 지식이 없어도 그렇게 된 사람이 장땡이다. 이 일자무식이었던 혜능대사가 바로 우리나라 조계종의 시조(始祖)가 되기도 하신 분이다.

　그리고 또 불교계의 가장 큰 이슈는 부처님과 6조 혜능의 대조적인 출생 신분에 있다. 불교의 시조(始祖)인 부처님은 세속에서는 가장 지위가 높은 왕이 될 고귀한 왕자의 신분이었다. 그런데 아이러니하게도 그 법맥을 이은 6조 혜능대사는 가장 못 배우고 천민에조차 끼지 못하는 오랑캐족이었다는 것이다. 재미있지 않은가?

　저 고귀한 왕자의 신분에서 천한 신분에게까지 법맥이 거침없이 이어졌다는 것이.

　이렇듯 불교의 근본은 누구나 마음 가진 존재들은 고귀한 신분이든, 천민이든, 많이 알든, 모르든 모두가 불성(佛性)를 지닌 존재로 평등하고 깨달음 앞에서는 남녀노소, 지위고하를 막론하고 평등하다는 것을 알 수 있다.

 필자도 응무소주 이생기심(應無所住以生起心) 이 구절에서 많은 의구심이 들었고 깊은 사유를 했던 기억이 난다. 마땅히 머무르지 말고? 머무르지 말라고 하면은 두 가지 전제를 충족해야만 한다.
  첫째는 머무를 놈이 있어야 하고
  두 번째는 머무를 대상이 있어야 한다.
  머무를 놈이 머무를 대상에 머물지 말고 마음을 일으키라고 한다.

 그래서 필자가 글 중에 욕심을 부리지 말라. 시비분별을 하지 마라 등이 헛소리라고 했던 것이다. 분명히 이 구절에서는 마음을 내라고 했다.
  맞다. 머무르는 놈은 의식(意識)이고 생각이다.
  머무르지 말 곳은 바로 감정이다

 의식과 생각이 감정에 머물지 않으면 인간은 감정에 빠지지 않을 수 있어 더 이상 괴로움이 없는 상태에서 생각과 마음을 일으킬 수 있다. 우리가 괴로운 것은 감정에 머물기 때문에 그렇다. 감정에 머물 때 머릿속에 생각의 궤적이 남는다. 그러면 생각에 생각이 꼬리를 물게 되고 희노애락에 빠지게 된다. 그리고 감정으로 인하여 시간성이 형성된다고 하였다.
  시간성이 소멸되면 동시성이 되므로 잡념은 더 이상 생기지 않는다. 번뇌가 소멸되는 것이다.

그러면 어떻게 해야 감정에 머물지 않을 수가 있을까? 바로 감정을 와해시키면 되는 것이다.

간단한 이치이다.

모든 해결의 열쇠는 바로 감정을 와해시키면 시간성이 무너지므로 도 일체고액(度 一切苦厄:일체의 괴로움과 액난으로부터 벗어남)이 실현된다.

그러면 나타나는 의식의 현상이 바로 응무소주 이생기심(應無所住以生起心)을 현실화시키고 삶 속에서 구현되는 것이다.

그러면 어떠한 긍정적, 부정적 감정에도 물들지 않는다. 그것이 대 자유를 얻는 것이다. 대 자유는 개체의 내가 누리는 것이 아니라 무아(無我)의 내가 누리는 것이므로 일반적으로 생각하는 자유와는 근본적으로 다르다.

개체의 내가 없는 것을 무아(無我)라고 하는데 나라고도 할 것이 일체 없어야 누릴 자유도 없고 자유를 누릴 주체가 사라져야 진정한 대 자유가 되는 것이다. 그리하면 두루 공적(空寂) 하나 견, 문, 각, 지(見聞覺知)하는 것이다. 나라고 할 것도 없는데 보고, 듣고, 깨닫고, 알고 하는 것이다.

이것은 무아(無我)상태를 체득해야만 알 수 있는 세계이다. 글이나 말로 설명이 가능하지 않으며 지구의 인류 모두의 추측이나 상상력을 총동원해도 가늠해볼 수가 없는 의식의 경지이다.

 그 자리 무아(無我)가 돼봐야 이 뜻을 알 수 있다. 이로써 괴로움의 원인부터 마음의 형성과정인 오온(五蘊)에서 생각 기억은 그대로 두고 거친 감정만을 추출해 내어 와해시켜 고운 감정체로 회귀시키면 바로, 금강경의 최고 정수인 응무소주 이생기심(應無所住以生起心)을 현실에서 구현하는 대장정의 여정을 마치게 된다. 비로소 무애자재(無碍自在)의 걸림 없는 대 자유인이 되는 것이며 신인류로 거듭나는 것이다.

5 모티브
 이 의식 기법의 이름이 감정와해기법이란 이름을 갖기까지는 여러 과정을 겪었다.
 '마음을 끊는다'라는 심단요법(心斷療法)으로 그리고 감정와해기법으로 이름을 지었다. 하지만, 감정와해기법이라는 용어를 누군가 차용하여 사용하는 것이 싫어서 두뇌 해독이란 '브레인디톡스'로, 그리고 MBDT(mind brain detox technic)로 이름하여 부르기도 하고 최근에는 기체 이전의 상태인 플라즈마 상태를 본떠서 '플라즈마 명상법'이라는 이름으로 부르기도 하였다.

 사실, 이 감정와해기법의 모티브가 된 것은 부처님의 삼매 설법(三昧設法)이었다.

부처님의 설법 종류는 크게 세 가지로 분류할 수 있다.

첫째는 말씀으로 하신 언어설법(言語說法)이다.

언하대오(言下大悟: 말끝에 깨닫는다)란 말이 있다. 좌선이나 참선 명상 등으로 공부를 하여 무르익었을 때 설법(說法)을 듣다가 문득 깨달음이 크게 온다. 부처님께서 성도(成道) 하신 후 가장 많이 하신 법문이며 사람들이 알아듣기 쉽게 여러 가지 방편을 들어 설법하셨다.

두 번째로는 신행설법(身行說法)이 있다.

또는 무언지교(無言之敎) 말 없는 가르침이라고도 하고 도구나 몸을 이용하여 법을 설(說)하신 것이다. 대표적으로 꽃을 들어 보였더니 가섭존자가 빙그레 웃음으로써 이심전심(以心傳心) 통하여 이후에 가섭은 부처님의 가사와 발우를 전해 받은 전법자가 되었다.

세 번째는 삼매설법(三昧說法)이다.

이것은 언어설법과 신행설법을 하지 않고 부처님께서 三昧에 드신 상태에서 광명설법(光明說法)을 하신 것을 말한다. 여러 경전에 자주 등장하는 설법이기도 하다. 언어설법이나 신행설법은 말과 행동에 의미와 어떠한 메시지가 담겨서 그것을 통해 의식을 일깨우는 설법의 방법이다. 삼매설법은 특이하게 언어나 행동을 동반하지 않고 바로 서로가 가지고 있는 불성(佛性)을 활성화시켜 자신의 8식에 입력된 감정만을 골라 와해시키는 방법이다.

그래서 정작 오온(五蘊)을 인식할 감각 정도만을 가진 제한된 의식으로는 8식의 감정이 와해가 된 것을 눈치채지 못하는 단점이 있다.

8식이 감정이 와해되어 변화하면 자연스럽게 관점의 변화가 일어나 세상을 보는 방식이 이전과 다르게 보이고 어떠한 일에 대한 반응 또한 전과 다른 대응 방식을 보인다. 노력하지 않아도 저절로 그냥 그렇게 보이게 된다.

내면의 변화는 '주의'의 작용을 통하여 앞에 입력된 감정과 새로이 입력된 정보의 감정 차이가 발생할 때 비교가 되어 느끼게 되고 알게 된다.

따라서 6식이 아닌 8식 아뢰야식 변화의 경우, 우둔한 우리의 현재 의식은 눈치채지 못할 때가 많다. 그래서 공부가 끝난 뒤 본인이 경험한 의식의 경계를 이야기할 때 그에 맞게 설법을 해주어야 자신의 변화를 인지하게 된다.

'감정와해기법'도 삼매설법과 같이 말과 행동은 필요 없다.

삼매(三昧)의 기전은 누구나 다 가지고 있는 의식 상태이며, 심리기전이다. 현재 의식의 인식 기능은 제한적인 부분만 감수 작용을 하는 기관이다. 그래서 삼매설법(三昧說法)은 현재 의식이 인식하지 못하게 은밀하게 8식 아뢰야식의 업장을 직접적으로 작용하여 현재 의식이 8식의 업장이 어떻게 왜 소멸된지도 모르게 소멸시켜 버리는 것이다.

이 삼매설법(三昧說法)을 원리를 모티브로 현실에서 세계 최초로 구현된 것이 바로 '감정와해기법'이다 이제 우리는 부처님의 설법 중 제일 나중에 설(說)하신 삼매설법(三昧說法)을 현실에서 구현한 '감정와해기법'으로 일체 괴로움에서 벗어나 부처님의 바람대로 화엄(華嚴)의 세계가 구현되도록 하여야 한다.

6 일상선(禪)의 완성

불교의 수행은 선(禪)으로 통한다.
필자는 선(禪)과 명상(冥想)을 같은 의미로 사용하겠다.
1. 행(行) 2.주(住) 3.좌(坐) 4.와(臥) 5.어(語) 6.묵(默) 7.동(動) 8.정(靜)에 모두 선(禪)을 넣어 모든 생활이 선(禪)으로 점철되게 되어 있다.

위의 8개의 선(禪)을 한마디로 표현하면 그냥 우리의 일상을 이야기하는 것이다. 그런데 일상 중 하나가 빠졌다. 바로 잠(수면)이 빠졌다.

옛날이나 지금이나 참선 중에 잠을 자거나 졸게 되면 수마(睡魔)나 혼침(惛沈)에 빠졌다고 꾸중을 듣는다. 성철스님께서는 몽중일여(夢中一如) 숙면일여(熟眠一如) 등을 말씀하시기도 하였다.
위에 8개의 선(禪)에 수면(睡眠)을 더해야 완벽한 9선(禪)이 되며 우리의 일상 24시간 모두가 포함된다.

그래서 필자는 이 수면을 이용하여 감정와해가 일어나도록 수면

선(睡眠禪)을 완성하였다.

  하루에 한 번은 반드시 필요한 수면을 이용하여 따로 시간을 내어 명상이나 참선을 하지 않고 잠을 자고 일어나면 저절로 잡념이 사라지고 지난날 마음의 상처들이 사라지게 하는 것이다.

  트라우마, 공황, 불안과 두려움, 조울도 사라진다. 수면의 질 또한 상상할 수 없을 만큼 좋아진다.

  이로써 어디에 있든 시끄러운 커피숍에서도 사람들이 많은 곳에서도 조용한 곳에서도 장소 불문, 눕거나, 자거나, 졸거나, 걷거나, 어떠한 자세도 가능한 기법을 완성하게 되었다. 삼매설법을 모티브로 하여 개발되었으니 당연히 언어 소통이 되지 않는 아이와 외국인도 가능하다.

9장

천명(天命),
솔성(率性),
수도(修道)

천명 지위성(天命之謂性)
솔성지위도(率性 之謂道)
수도지위교(修道 之謂敎)
선(善)은 솔성(率性)이며 균형과 조화를 잡는 것이다.
타고난 꼴값을 하는 것이다.

1 판도라의 상자

그리스 신화 중 '판도라의 상자' 이야기가 있다. 판도라라고 하는 여인이 인간에게 죽음과 질병, 질투와 증오 등이 담긴 상자를 호기심을 참지 못하고 살짝 엿보았다가 그것들이 밖으로 튀어나오자 황급히 뚜껑을 닫았는데 미처 나오지 못한 희망만이 상자 속에 남아 있었다는 내용이다.

필자는 판도라의 상자 속 '희망'을 성(性)과 공(空), 불성 같은 의미로 보고 이 근원의식을 회복하는 길만이 현재 인류가 처해 있는 이 대재앙과도 같은 현실을 극복할 수 있는 방법이라고 생각하고 소제목을 판도라의 상자라고 하였다.

불교에서 가장 많이 쓰는 단어 중 하나가 견성(見性)이라는 단어가 있다. 견성(見性)은 수행 과정 중에 일어나는 하나의 의식의 현상이며 그래도 견성(見性)은 해야지 수행을 어느 정도 했다고 할 수 있으며 '마음 나기 이전 자리를 본다'는 뜻이다.

명상(감정와해기법)은 판도라의 상자를 여는 마스터 열쇠라고 해도 충분하다. 알 수 없는 미지의 엄청난 힘을 담고 있는 '판도라의 상자'. 판도라 상자 속은 뭇 생명의 모든 비밀과 인간의식 차원의 비밀, 일대사 인연(一大事因緣)의 비밀, 불멸의 생명의 비밀, 사단(四端), 희노애락(喜怒哀樂), 감로수(甘露水), 영원한 생명수(生命水)도 그곳에 담겨 있는 비밀의 창고 같은 것일 게다.

성(性)은 세상의 온갖 재앙을 말끔히 씻어줄 수 있는 생명의 근원이 담긴 판도라의 상자 속 희망과도 같은 셈이다. 이 지구가 수백만 년의 생일을 맞이하면서 그 수많은 동물과 식물들을 내놓고 먹이고 기르고 거둬들이고도 아직도 미래에 내놓을 생물들이 먹고 마시고, 살 수 있는 모든 것을 가지고 있으니 도대체 이 물건은 어떠한 물건인가?

그래서 고대로부터 수없이 많은 구도자가 판도라의 상자의 열쇠를 찾아서 괴로움을 영원히 여의고 불멸의 생명을 얻고자 일생을 바쳐 노력하였던 것은 아닐까 싶다. 성(性)과 같은 뜻으로 많은 동의(同意)어가 존재한다. 성(性)을 표현하는 동의어(同義語)는 종교에서나 경서에서 많이 찾아볼 수 있다.

불교의 공(空), 삼매(三昧), 법신(法身), 우주(宇宙), 기독교의 하나님, 성부, 노자의 빈(牝), 곡(谷,) 또는 유교의 양심(良心), 본성(本性), 하늘(天) 등으로 표현할 수 있다. 성(性)이라는 단어가 동양에서도 하늘을 표현하는 글로 많이 사용된다.

특히 중용(中庸)에서는 아주 명쾌하고 시원하게 정의를 해놓을 정도이다.

천명 지위성(天命之謂性)

솔성지위도(率性 之謂道)

수도지위교(修道 之謂敎)

라고 하며 하늘의 명(命)이 성(性)이라고 하고 그 성(性)을 따르는 것이 도(道)라고 하였다. 하늘의 명령을 이류하여 성(性)이라 하고,

그 성(性)을 따르는 것이 도(道)라고 한다.

천명과 성(性)은 같다고 보면 된다. '그 천명을 따르는 것이 인간이 어떻게 살 것인가?'에 대한 답으로, 그것을 도(道)라고 하는 것이다. 그래서 도(道)는 추상적인 고루한 이야기가 아니고 아주 자로 잰 듯한, 정확하게 인간이 어떻게 살아야 되는 건지에 대한 인문학적 해답이다.

도(道)하면 형이상학적이고 고루한 느낌이 들지만, 누구나 도(道)를 실행하고 있다. 너, 나, 우리는 누구나 다 괴롭지 않게 생존의 안전을 확보하려고 각자의 방식으로 생활을 하고 있다. 돈을 추구하는 사람, 권력을 추구하는 사람, 명예를 추구하는 사람, 등 각자 도(道)를 행하고 있는 셈이다.
궁극적 방법으로 마음공부를 하는 사람도 있다.
역대 성인(聖人)들은 괴로움 없이 사는 것을 마음에서 찾으라고 이구동성으로 이야기하고 있다.
6·6·6·에 의해 형성된 가아(假我)는 성(性)을 반연 하는 마음이다. 그래서 6·6·6·에 의한 가아(假我)의 생각을 좇아 사는 것이 아니라 성(性)을 따르는 것이 궁극의 괴로움이 없는 최고의 생존 방식이라는 것을 이야기하는 것이다.

성(性)을 따르는 것을 선(善)이라 하고 천명(天命)이 삶 속에서 드러나는 것을 덕(德)이라 한다. 그 과정을 반복하는 것을 수도(修道)라

하며, 교(敎)라고 한다. 그래서 적선적덕(積善積德)이란 말이 있다. 선을 쌓고 덕을 쌓는 것이다.

　나이를 먹어서 얼굴에 덕(德)과 인자함이 흘러야 한다. 그래야 인생 후배들에게 덕(德)을 나누어 주어 덕분(德分)에 덕택(德澤)에 잘 지낸다는 소리를 들어야 어른이 된다. 선(善)은 솔성(率性)이며 균형과 조화를 잡는 것이다.

　타고난 꼴값을 하는 것이다.

　이글에서 보면 천리에 순천(順天)하여 도리에 따라야 한다는 것을 삼단 논법으로 잘 설명해 주었다. 판도라의 상자 속 희망은 성(性)이며 천명(天命)이다. 우주의 질서이고 법칙이다.

　불교의 성(性)과 중용의 성(性)이 다르지 않다고 생각한다. 또한, 중용의 수도(修道)와 불교의 수행(修行)이 다르지 않다고 생각한다.
　감정와해를 수행(修行)과 수도(修道)로 하게 되면 감정을 하나씩 와해를 하는 과정에서 괴로움의 원인을 저절로 알게 되고 소멸하게 되면 끝내는 모든 의문 의심이 사라지고 성성적적(惺惺寂寂)한 의식의 상태가 된다.

　모든 경전의 궁극적 답을 얻으려면 명상(감정와해기법)은 이제 더 이상 선택이 아니라 필수가 되어야 한다. 판도라의 상자에 빗장을 잠근 것은 우리의 '감정'이다.

명상(冥想):(감정와해기법)이라는 방편을 사용하여 판도라의 상자를 잠가둔 감정체라는 빗장을 열 수 있도록 뇌의 가소성에 의한 기능 변화와 화학적 변화로 감정이 와해가 되면 저절로 판도라의 상자는 열리게 된다. 어쩌면 어려우면서도 간단한 일이다.
　그러면 저절로 열린 판도라의 상자도 사라지고 나도 사라지면 일체의 모든 비밀스러운 우주 자연 생명의 모든 정보도 일체 사라지게 된다.

　판도라의 상자인 성(性)은 나를 이 세상에 토해내고도 한 찰나의 시간도 나와 떨어져 있었던 적이 없었다는 사실이다. 사실은 모든 사람, 사물, 동·식물조차도 판도라의 상자의 자손(子孫)이라 해도 과언이 아니다. 한시도 성(性)과 떨어져 존재할 수 없는 것이다.

　필자도 그것이 저 어디 있는 줄 알고 찾아서 얻으려고 수없는 노력을 하다 주화입마(走火入魔)로 고생을 했는데, 어처구니없게 늘 나와 함께하고 있었다니 이런 큰 바보가 어디에 있을까?
　물고기가 물속에서 물을 찾는 격이라고나 할까?
　그래서 명상(冥想)은 성(性)과 불성(佛性), 성령(聖靈), 본성(本性)이 늘 함께 동행하고 있었고 내 스스로가 부처임을 최종적으로 확인하는 것으로 끝나는 것이다.

2 선(善)과 악(惡)

천명(天命)은 다음과 같은 방법으로 우리에게 명(命)을 알린다. 추우면 추위를 느끼고 알고 배가 고프면 배고픔을 안다. 졸음이 오면 자야 한다. 이것이 천명(天命) 또는 천어(天語)라 한다.

천어(天語)는 하늘이 나한테 명령(命令)하는 언어(言語)이다. 무엇으로 알 수 있는가? 온몸에서 반응하는 느낌으로 우리는 천어(天語)를 듣는다.

야! 너 이거 기분 나쁜 거야! 이렇게 하늘은 입도 없고 말도 할 수 없어서 귀에 대고 속삭여 줄 수가 없다.

그래서 생명력이라는 프로그램을 코딩해 놓고 씨줄의 메시지 즉 명(命)을 상황에 맞추어 느낌으로 반응하는 것으로 천명(天命), 천어(天命, 天語)와 소통한다.

졸리면 천명(생명력 프로그램)이 자라고 하는데 눈을 부릅뜨고 공부를 한다면 천명(天命)을 거스르는 역천(逆天)을 하는 것이다.

역천(逆天)을 불선(不善) 또는 악(惡)이라고 한다. 추우면 옷을 따뜻하게 입고, 더우면 옷을 벗고, 배가 고프면 밥을 먹고, 자기의 타고난 꼴의 순기능을 다하여 성(性)을 따르는 것을 선(善)이라고 한다.

통상적으로 생각하는 선(善)과 악(惡)의 기준이 좀 다르다. 나쁜 마음 품으면 악(惡)이고, 좋은 마음 품으면 선(善)이고, 물론 그것도 틀린 것은 아닌데 더 큰 관점에서 봤을 때는 자기의 꼴값을 하는 것을 순기능인 선(善)이라 하고 꼴값을 못하는 역기능을 악(惡)이라고 하는 것이다.

우리는 가아(假我)라고 하는 것은 땅의 특성으로 형성된 것이며 이 특성 안에서 괴로움에서 벗어나기 위해 다양한 일을 한다는 것을 이미 배웠다. 그러나 그것은 생명력의 프로그램 중 땅 위의 버전을 사용하고 그 상위의 버전으로 업그레이드를 해야 하는데 계속해서 하위 버전을 사용하면서 한계를 벗어나지 못하여 괴로움을 받게 되는 것이다. 이것은 성(性)을 등지고 가아(假我)를 따르는 결과이다.

지혜가 부족하여 가야 할 길을 가지 않고 집착으로 인해 착각하여 전도망상(顚倒妄想)된 삶을 살기 때문에 괴로움이 오는 것이다. 이것이 무명(無明)인데 바로 악(惡)이라고 하는 것이다. 남한테 해코지를 하는 것도 악(惡)이지만 무명(無明) 즉, 천명(天命)과 성(性)를 따르지 않는 것이 더 큰 악(惡)이라는 얘기다. 악(惡)은 천명(天命)을 거스른 것이고 그 대가는 괴로움과 질병과 죽음이다.

천명(天命)인 성(性)을 따르는 것은 몸의 생리적 느낌인 배고픔, 졸림, 잠, 배출 등을 때에 맞추어 실행하고 성(性)을 따르지 못하게 우리의 의식을 묶어두는 감정을 와해하여야 한다.

③ 공부의 오류

우리는 마음 챙김이나 마음공부를 할 때 큰 오류를 바탕으로 시작하고 있다. 우리가 현재 생각하고 움직이는 이 몸을 그저 사대(四大)와 오온(五蘊)으로 인연과 조건 따라 지어졌고, 조건과 인연이 다하면 그냥 사라지는 집착할 만한 것이 없다. 라고 한다. 맞는 말이기도 하지만 꼭 맞는 말은 아니다.

반야심경에 공즉시색(空卽是色), 색즉시공(色卽是空)과 공별이색(空別異色), 색별이공(色別異空)이란 경구가 나온다.
공(空)은 곧 색(色)이요, 색(色)은 곧 공(空)이다.
공(空)과 색(色)은 다르지 않고, 색(色)은 공(空)과 다르지 않다고 쓰여 있다.

이것은 우리가 추구하는 깨달음이라든가 구원의 관점에서 보면 어떻게 공부를 시작해야 하는가에 대한 대단히 흥미로운 단서를 제공하여 주고 있다.
하지만, 우리는 서두에서 이야기한 것처럼 색(色)에 대한 그릇된 편견과 공(空)에 대한 과도한 치우친 집착으로 인해 기울어진 의식의 운동장이 되어 잘못된 관점으로 수행을 시작하게 된다. 그러므로 성취하고자 하는 의식의 상태는 얻기가 여간 힘든 것이 아닐 수 없다.
이 반야심경의 대목을 본다면 우리는 공(空)과 색(色)을 구분하는 자체가 공부의 가장 큰 오류를 범하고 있다는 것을 알 수 있다.

물질세계가 곧 의식의 세계이다.

공(空)과 색(色)은 버리고 추구해야 될 대상들이 아니라 이 자체에서 색(色)을 바탕으로 감정만을 와해하여 물질세계(거시세계)에서 비 물질세계(미시세계)의 의식 차원의 스펙트럼을 넘어가서 의식의 변화. 즉 의식의 진화만 하는 것이다.

이것은 중첩된 상태 속에서 의식의 전환만 있다고 '중첩편'에서 설명한 바 있다.

공(空)과 색(色)은 괴로움과 의식 수준을 측량하는 의식의 스펙트럼일 뿐이다. 많은 영적 지도자나 종교 지도자들 또한 이 세상의 일들에 대한 허무함을 너무나 많이 주입하고 세뇌를 시키고 있다. 그래서 많은 이들이 삐뚤어진 영적 멘토를 만나 한세월을 허비해버리는 어리석은 짓을 한다. 어디까지나 이 세상은 나를 중심으로 구성되었다.

오온(五蘊)에서 수(受)는 '내가'라는 것이 존재해야만 성립될 수 있는 것이다. (여기서 나는, 가아(假我)의 나로 시작해서 무아(無我)의 나까지를 통칭한 것)

따라서 중요한 것은 내가 이 세상에 태어나지 않았다면 나에게는 부모 형제도 모든 삼라만상도, 코로나바이러스도, 공(空)과 이 우주마저도 존재하지 않는다. 내 인식 범위에서 일어나는 세상의 모든 일들은 '내가' 존재해서 발생하는 것이며 내가 다 관여되어 있다. 내가 관여되지 않는 일들은 나에게는 일어나지 않는 일이다. 그러기 때문에 공(空)보다 내가 먼저 있음이다.

불가에서는 이 몸이 거룩한 법당(法堂)이라 하고 기독교에서는 이 몸이 거룩한 성전(聖殿)이라고 한다. 그만큼 이 몸이 가장 중요한 것이다.

모든 존재의 동력은 이 몸이 있으므로 가능한 것이기 때문이다. 그러므로 나의 탄생과 동시에 공(空)도 탄생하므로 나의 탄생은 공(空)의 존재성을 확인해주는 것이 진리적 사실이다. 마음 챙김이나 마음공부에서 부정당해야 될 아무런 이유가 없다. 공(空)과 색(色) 모두 고정된 실체가 없는 무자성(無自性)이다.

그래서 공(空)과 색(色)을 나눠서는 안 되며 이것을 나눠서 가아(假我)와 몸(色)을 부정한다면 반야심경의 공즉시색(空卽是色) 색즉시공(色卽是空)을 정면으로 반박하는 것이 된다. 공부의 시작이 잘못된 관점에서 출발되는 것이다.

다만, 인간이 이 세상에 와서 땅의 특성에 치중하여 생존을 도모하였기에 땅의 특징인 시공간성에 한계 속에서 있으므로 서서히 시공간의 한계에서 벗어나 거시세계의 중심에서 미시세계의 중심으로 의식의 관점을 옮겨가는 공부를 하면 되는 것이다.

즉, 시공간의 한계는 인간에게는 괴로움이며 시공간의 벗어남은 괴로움에서 벗어남을 이야기하는 것이 된다. 불교는 행복을 추구하는 종교가 아니다. 다만 괴로움에서 벗어나는 공부이다. 부처와 중생은 없다. 괴로움을 받는 존재도 중생 부처요, 괴로움에서 벗어난 존재도 부처이다. 이 세상은 먼저 된 부처가 있고 나중 될 부처만 있을 뿐이다.

4 깨달음

깨달음을 한마디로 정의하면 인간이 우주 자연환경에 최적의 상태로 적응과 생존을 할 수 있는 의식의 상태를 말하는 것이라고 필자는 정의하고 싶다. 괴로움 속에서 사는 가아(假我) 중심의 삶에서 괴로움에서 완벽하게 벗어난 무아(無我) 중심의 삶으로 삶의 중심축이 완전히 옮겨진 상태를 말한다.

깨달음의 길은 길 없는 길을 가는 것이다. 그러므로 그 길을 완벽하게 아는 가이드나, 선생, 스승을 만나는 게 제일 중요하다. 현재 불교(佛敎)가 깨달음의 종교라고 말한다.

깨달음 하면 불교를 떠올린다. 언제부터인가 이것이 불교의 핵심 사상처럼 공식화되었다.

많은 영적 지도자들이 이구동성으로 깨달음에 대해 이야기하고 있다. 하지만 깨달음을 목표로 공부를 하면 토목공사를 하지 않고 집을 짓는 것과 같다. 그러다 보니 공중에 붕 떠서 이해가 갈 듯 말 듯한 소리들을 하게 된다.

깨달음은 괴로움을 소멸하여 가는 과정에 감정이 소멸될 때 일어나는 정신작용인 자각(自覺)이라는 뇌의 현상이 동반되고 궁극에 괴로운 감정에서 완전하게 벗어나면 그때 마지막 자각(自覺)이 깨달음이다.
　깨달음은 괴로움을 소멸하는 과정 중에 얻어지는 부산물과 같다. 그래서 깨달음은 뇌의 기능적 변화가 이루어지지 않는다면 얻을 수가 없다.

　이 세상에 생명 가진 모든 것들은 환경에 적응과 생존이라는 배경을 떠나서는 모든 생각과 행위는 성립될 수 없다. 모든 사람은 각자의 추구의 방식으로 괴로움 없는 생존을 도모하기 위해 노력한다. 깨달음이라는 것도 생존의 하나의 수단으로 예외일 수는 없다. 많은 수행자가 깨달음에 대하여 굉장한 판타지를 기대하기도 한다.

　하지만, 진정한 깨달음에는 판타지나 거창한 퍼포먼스는 존재하지 않는다. 만약에 그러한 판타지나 퍼포먼스가 보인다면 그것은 깨달음이 아닌 다른 길로 빠져서 환상에 놀아나고 있다고 보면 된다.

　깨달음은 단지 괴로움이 완전히 소멸된 상태일 뿐이다. 인류의 지성이 생겨난 후 수많은 사람이 깨달음이라는 것을 얻기 위해 무던히도 애를 쓰며 일생을 바쳐 왔다. 깨달음을 얻기 위해 마음공부나 수행을 할 때 가장 중요한 동기인 생존을 떠나 추상적이고 형이상학적인 것을 추구하기 때문에 궁극의 진리를 얻기가 힘들다.
　인류의 성인이라고 일컫고 불리우는 분들 가운데 괴로움을 핵심 수행 소재로 삼은 분은 부처님 한 분뿐이었다.
　결국, 괴로움의 원인과 발생 과정 그리고 벗어나는 방법 등을 소상

히 밝혀 놓았다. 후대의 우리가 우둔하여 그것을 구현하지 못하였을 뿐이다

 필자도 많은 구도자가 착각하는 것처럼, 신(神)과 깨달음이 어떤 형식을 갖추고 존재할 것이라 생각했었다. 가아(假我)도 부정했었다.
 하지만, 어느 순간 깨달음과 신(神)의 문제에 대한 의구심이 사라지며, 오고 감이 없고, 생사(生死)가 일여하다는 것을 알게 되었다.
 그리고 가아(假我)를 부정해서는 안 된다는 사실을 깨달았다. 오전(悟前)에는 깨달음이 있고 오후(悟後)에는 깨달음이 없다는 말의 의미도 알게 되었다. 괴로움의 원인인 감정이 완전히 와해가 되지 않은 상태에서는 깨달음이란 존재한다.
 하지만 감정을 완전히 와해해 버리면 깨달음은 존재하지 않게 된다.

 원래 깨달음이란 존재하지 않는다.
 가아(假我)의 감정이 하나하나 와해되어 가는 과정 중에 자각(自覺)이라는 심리적 기전이 작동하여 생각과 감정이 분리되면서 아하! 그렇구나! 하는 순간에 저절로 알아차림과 방하착, 그리고 깨달음이라는 순서로 의식의 변화가 일어난다고 이야기한 바 있다. 깨달음은 원래 누구에게나 있는 심리적 기전이다.
 성인(聖人)은 위대한 사람이 아니다.
 그저 순리대로 사는 방법을 되찾은 것에 불과하므로 본전을 한 셈일 뿐이다.
 우리는 흔히 하늘이 인자(仁慈)하거나 자비(慈悲)롭고 사랑이 가

득하다는 착각을 한다. 하지만 하늘은 인자(仁慈)하지 않다. 도덕경에도 천지는 불인(天地不仁)하다라고 한다. 맞다. 천지는 그냥 자신의 규칙을 묵묵히 수행할 뿐 자비나 사랑 따위를 분별하지 않는다. 천지의 사랑은 인간의 덕(德)으로 드러내야 한다.

하늘은 말을 하지 못하고 손발이 없다. 그래서 깨달은 사람은 측은지심(惻隱之心)을 가지고 하늘을 대신하여 뭇 생명들에게 사랑과 자비를 베풀어야 한다. 이것이 깨달은 자들의 몫이다.

우리는 삶을 살아가면서 근원적인 깨달음이 아니더라도 아주 작은 깨달음을 얻곤 한다. 이러한 기능은 특별한 사람에게만 주어지는 것이 아니라 모든 사람의 의식 속에 공통으로 가지고 있는 심리적 기전이다.

우리는 그것을 우연이라고 치부하고 지나쳐 버리기 때문에 그냥 삶 속에 묻혀 버리고 마는 것이다.

깨달음은 누가 가르쳐 줄 수 있는 것이 아니다.

다만, 그 길을 갈 수 있도록 방법은 제시하여 줄 수 있다. 마치 사랑의 감정은 누군가가 가르쳐 줄 수 없고 저절로 생겨나는 감정인 것처럼, 하지만 사랑의 기술은 가르쳐 줄 수 있다. 깨달은 자는 하늘의 성(性)을 품고 3차원 인간계를 살아가는 것이다. 하늘의 의식으로 땅에서 사는 사람을 성인(聖人)이라고 하며, 깨달은 사람이라고 한다.

작은 깨달음은 느낌이 찰나지간 비교된 뒤 비교 대상의 느낌이 완전히 사라지고 지금에만 존재해야 된다. 진정한 깨달음은 전 느낌과 지금 느낌이 비교되지 않으며 비교할 대상이 없는 절대 느낌의 경지로 가는 것이다.

그래서 공부가 잘되면 될수록 점점 잡생각이 없어지며 공부를 했다, 라는 생각마저도 사라지게 된다. 그래야 진정한 공부가 되는 것이다. 점점 머릿속이 한가로워진다. 생각해도 머릿속에 생각의 궤적이 남지 않고 심지어는 생각했다, 라는 생각조차 없어야 된다. 깨달았다는 깨달음마저 없어야 된다.
또한 깨달은 이는 중생 부처가 있는 땅 위 지옥에 있어야 한다. 그래야 비로소 깨달은 이의 본분을 다할 수 있다.

5 깨달음은 당연함으로 가는 길

깨달음이란 삶의 모든 부분이 근원적으로 의구심이 사라지고 믿음이라는 단어조차 붙지 않는 모든 부분을 '당연함'으로 만드는 의식 전환 작업이다.
사람은 어떠한 감정이라도 있을 때 당연함이 되지 않는다. 당연하지 않을 때 우리는 불편하기도 하고 괴롭기도 하여 믿음을 만들어 의지하며 심리적 안정을 꾀하기도 한다.

당연하면 '믿는다'라는 말을 사용하지 않는다.
믿는다는 것은 믿지 않음과 서로 대립되기 때문에 서로의 존재성을 부여하게 되는 것이다.

믿음이란? 믿고 안 믿고 둘 중에 믿기로 선택한 것으로 상상력이 빚어낸 하나의 신념에 불과한 것이다.

당연함으로 가는 길 중에 가장 큰 밑천은 감정과 느낌의 차이를 제거하는 것이다. 깨달음은 현상을 실재(實在)와 이견(異見) 없이 수용하는 정신적 상태이며 이 '우주 환경에 최적화되어 적응할 수 있는 상태'이기도 한 것이다.

깨달음은 추상적이지 않다.
또한, 깨달았다고 하여 어떠한 드라마틱한 현상도 나타나지 않는다. 다만, 그러그러할 뿐이다. 근원적인 깨달음은 모든 감정의 와해이며 더 이상 생각이 감정에 머물러 괴로움이 존재하지 않게 되는 상태이다. 현재 사람들이 사용하고 있는 3차원의 감정을 가지고는 절대 들어가지 못하는 곳이 깨달음의 세계이다.

어떤 이들은 번뇌(煩惱)를 안고 깨달음에 들 수 있다고 하는데 절대 번뇌를 들고 깨달음의 세계는 들어갈 수 없다. 내가 만약 깨달음을 얻었다면 그 세상 속에는 이미 옆집 친구도 예쁜 강아지도 삼라만상 일체가 완전하게 깨달아 있는 상태로 있음을 알게 될 것이다.
깨닫기 전이나 후의 세상은 변함이 없지만 깨닫게 된 사람의 눈에는 새로운 새, 하늘, 새 땅, 자연이 보이게 될 것이다.

내 의식의 정도에 따라 세상이 보이는 것이다. 그러니 내가 제일 깨달음의 막차를 탄 것이다. 나 이외 그 누구도 심지어 자연의 나무, 허공을 나는 새, 내가 미워하는 사람조차도 깨달음 속에서 나를 맞이할 것이다. 진정 깨달음을 얻은 사람이라면 교주가 될 수 없다.

자기가 주체가 되면 안 된다.

자기가 주체가 되니까 해괴망측한 짓을 하는 교주나 선사, 도사들이 많이 생기는 것이다. 깨달음이라는 공부를 할 때 자기가 주체가 되어 공부하는 그러한 시대는 이제 끝났다.

'나'라고 하는 놈은 이제 조용히 쉬고 있으면 주인공인 성(性)인 씨줄이 들어와 내가 나라고 주장하는 감정을 와해하여 온통 성(性)인 무아(無我)로 거듭나게 된다. 그러니까 수행 주체가 씨줄(無我, 性, 空, 法則, 律呂, 無我)이 되어야 한다. 원래는 씨줄이 주체가 되어 수행해야 하는데, 지금의 수행은 날줄(개체의 나)이 주체가 되어 수행을 했다.

씨줄은 무아(無我)이고 당연함이다.

그러므로 감정을 배경으로 한 상상력의 산물인 믿음 따위로 존재성을 부여해줄 필요가 없다.

오온(五蘊)도 실재(實在)요, 색(色)도 실재(實在)요, 공(空)도 실재(實在)이기 때문에, 오온(五蘊)도 색(色)도 부정(不定)당해야 될 이유가 전혀 없고 모든 것이 실재(實在)이며 당연한 것이 된다.

6 씨줄과 날줄 그리고 내려놓음

아마도 사람이 법칙에 맞추어 살아가는 것을 도(道)라고 한다면, 그 법칙과 어떻게 맞추어 실현할 것인가에 대한 진리를 담아놓은 글을 총칭해서 경전(經典)이라고 한다.

경전(經典)은 성스러운 권위를 가진다.

우리 주변에 종교에 관련된 다양한 경전들이 있다. 성경, 도덕경. 사서삼경, 그리고 경전이 제일 많은 불경 등이 있다.

경영(經營)이라는 말도 자주 들어보았을 것이다. 사실 경(經)은 의식에 관한 것이고, 영(營)은 육신을 양생(養生)하는 방법을 뜻한다.

지금과 같은 병란(病亂) 시대에는 경영(經營) 즉, 심신경영(心身經營)을 균형과 조화를 맞춰야 하는 심신쌍수(心身雙修) 시대가 된 것이다.

경(經)은 진리를 표현하고, 의식을 표현한 것이다. 전(典)은 가르침이라고 한다. '이 세상 굴러가는 법칙과 사람이 어떻게 살 것인가?'를 단 한 글자로 표현한다면 그것은 단연코 경(經)자일 것이다.

그러면 과연 경(經)에는 무슨 비밀이 숨어 있는지, 경(經)자에 함축된 의미를 찾아보자.

경(經) 자는 베를 짜는 것을 형상화하여 만든 글자이다. 경(經) 자를 아래와 같이 파자할 수 있다.

$$糸 + 巫 + 工 = 經$$

경(經) 자를 씨줄 날 경이라고 한다.

베를 짤 때 베틀 위에서 아래로 수직적으로 내려온 기준이 되는 베줄을 씨줄이라고 하며, 이것은 변하지 않고 고정되어 항상 일정한 법칙인 우주 자연의 법칙을 의미한다. 이것은 인간이 어떻게 변경시킬 수 있는 법칙이 아니다. 베를 짜기 위해서는 수직으로 내려온 씨줄에 잘 맞추어 가로로 날줄을 한 줄 한 줄 엇각으로 조화롭게 잘 끼워나가야만 한결같은 옷감을 짤 수 있다.

그래서 여기서 날줄은 인간은 어떻게 살 것인가? 에 대한 인문학적 물음에 답을 주는 것이다.
여기서 중요한 것이 씨줄에 대한 이해이다. 실이 위에서 아래로 내려져 있는 것을 二(두 이)는 하늘과 땅을 의미하며 '工' 자는 그대로 하늘과 땅을 잇는 것을 의미한다.
우리가 공부(功夫)라고 하는 공(功) 자를 보면 하늘의 이치와 땅의 이치가 같도록 힘쓰라는 뜻이 들어 있다. 이러한 공부가 진정한 공부인 것이다.

공(工) 자에 좌우에 사람 인(人) 자가 들어가면 하늘의 이치를 한 사람이 묻고 한 사람이 대답하는 형상의 무(巫) 자가 되는 것을 보면

工(공) 자는 분명 하늘과 땅을 잇는 것을 형상화한 글자가 분명하다.

주기도문에 이러한 문구가 있다.
"하늘에서 이루어진 것과 같이 땅에서도 이루어지이다." 이것과 경(經)과 매우 유사한 의미가 담긴 것 같다. 시공간에서 설명했듯이 하늘의 특성은 시공간이 동시성이라서 괴로움과 生死가 존재할 수 없다. 이것이 하늘의 특성을 가진 의식으로 전환되어 땅에서의 몸을 가지고 살라는 뜻이 아닌가 싶다.

춘하추동, 생로병사, 성주괴공, 생주이멸 등 이러한 법칙이 이미 질서 즉 법칙(法則)으로 존재하며 이것을 컴퓨터를 예를 들면 이미 프로그램이 코딩되어 있는 것과 같다. 그래서 이 씨줄을 신(神) 또는 율려(律呂), 법칙(法則) 등으로 부른다. 따라서 우리는 자연법칙의 이치를 알아 날줄을 제대로 끼워야만 괴로움에서 벗어나 한결같은 인생을 살 수 있는 것이다.

우리가 어떠한 신앙을 믿든 그것은 중요하지가 않다. 무엇을 믿든 그것은 각자의 신념과 생각일 뿐이다. 우주 자연의 법칙을 벗어나 새로운 법칙이 또 있는 것이 아니기 때문이다.

기독교를 믿든 불교를 믿든 그 어떤 것을 신앙하든 자유지만 하나님의 법칙이 따로 있고 부처님의 법칙이 따로 있는 것이 아니다. 세상에는 두 법이 존재할 수 없다.

"오로지 한 가지 법으로만 돌아가고 있음을 알아야 한다."

우리는 이 법칙, 프로그램에 맞게 살아야 하며 이 법칙은 누구에게나 공평하게 똑같이 대우해준다. 다만, 씨줄의 법칙을 잘 알고 날줄을 어떻게 할 것인가만이 가장 중요한 문제라고 할 수 있다.

종교(宗敎)라는 것은 씨줄에 날줄을 끼우는 방법에서 본인들이 주장하는 것이 옳다고 하며 자신들의 방법만을 신앙하고 그것을 교리화시킨 것이다. 이것 또한 인간만이 가지고 있는 특색 중 하나인데 어쩌면 가장 바보 같으며 어리석은 짓 중에 하나일 것이다.
대자연의 다른 유기체들은 그러한 신념체나 이데올로기, 종교가 없어도 스스로 자연과 상호 작용을 하며 씨줄에 맞춰 날줄을 끼우며 일생을 살며, 씨줄의 법칙에 순응하며 살아간다.

유독 인간만이 복잡하게 이것저것에 의미를 부여하며 그 생각에 붙들려 씨줄에 맞춘 생활이 아닌 본인 생각, 집단 생각으로 씨줄과 동떨어진 생활을 하여 수많은 괴로움을 초래하며 산다.
과연 과학 문명과 의료의 발달이 최첨단이 되었는데 우리 인간이 그 발전에 비례하여 행복한가도 한번쯤 생각해 볼 만한 문제인 거 같다.

씨줄(변하지 않는 하나의 법칙)은 우리에게 씨줄을 벗어난 삶을 살기를 원하지 않는다. 씨줄을 하늘의 성품인 성(性)이라고 한다. 씨줄은 사람에게 씨줄에 순종하기를 바란다. 씨줄은 어긋난 날줄의 마음을 방하착(放下着) 즉 내려놓음을 원한다.

 진정한 씨줄과 날줄의 한결같은 베를 짜려면 씨줄과 날줄을 끼워서 뒤에 짜여진 베가 있다면 아무리 한결같이 하려고 하여도 사람의 마음이 개입되어 있기 때문에 한결같은 베는 나오지 않을 것이다. 한결같은 베를 짜려면 씨줄과 날줄이 끼워지는 순간에 바로 방하착(放下著)하여 그 순간에도 의식이 머물지 않고 뒤에도 머물지 않게 되어야 진정 한결같은 베를 얻을 수 있을 것이다.

 씨줄에 날줄을 끼워 베를 짜되 흔적 없는 베를 짜야 한결같은 베가 되는 것이다. 날줄을 끼우는 것은 사람이 사람으로 살아가는 도리를 다하고 괴로움에서 벗어나 내가 내 인생의 주체적인 주인으로 사는 것이다.

 내가 자존(自存)이 되는 것이다.
 이것이 바로, 도(道)이며, 경(經)자에 담긴 뜻이기도 하다.

7 사명감을 버려라
 필자가 대전교도소에서 출소자 인성교육 강의를 할 때였다. 어느 재소자가 필자에게 무엇을 기준으로 행동을 하느냐고 물었다. 필자는 네 가지 기준이 있는데 그중에서 자리이타(自利利他)를 선택한다고 했다.

네 가지 기준은,
첫째가 자리이타(自利利他) 나와 타인 모두에게 이로움이 있다.
둘째는 나는 손해인데 타인이 이익이 된다.
세 번째는 나는 이익인데 타인이 손해를 본다.
네 번째가 타인과 내가 둘 다 손해다.

자리이타(自利利他)는 불교에서 온 것이다.
최소한으로 어떠한 일을 하려거든 상호 이익이 되는 것을 하라고 한다. 이것에는 필자도 100% 동의한다. 그렇다고 서로가 이익이 된다고 해서 꼭 할 필요는 없다. 내 마음이 동(動)할 때만 하면 되는 것이다. 나머지 중 2번은 본인이 감당할 수 있는 범위에서 하면 된다. 3, 4번은 절대 하면 안 된다.
어떤 사회적 가르침이나 종교적 윤리 따위를 꼭 따를 필요는 없다. 절대 도덕 윤리나 종교의 도덕성 때문에 우리가 괴로워해야 할 이유도 없다.
어디서 봉사를 하더라도 마음 불편한 봉사는 하지 말기를 권한다.

쓸데없는 사명감, 소명의식 따위를 무겁게 지라고 강요하는 사람도 없고 스스로 질 필요도 없다. 다만, 내 눈에 그렇게 보이고 그렇게 느껴지면 자신에게 물질적 이익이 없다 해도 하면 된다. 자기가 선행을 하기 위해 파생된 피해를 남한테 전가하면 안 된다. 내가 선의(善

意)를 가지고 했다고 해서 모든 일이 아름답게 끝나지는 않을 수 있다.

또, 악의를 가지고 했다고 해서 그렇게 꼭 불편하게 세상이 진행되지는 않을 수도 있다. 그래서 모든 행위의 앞뒤를 잘 살필 줄 아는 식견(識見)을 가져야 한다.

착하게 살아야 한다는 이유로 남이 나에게 힘들게 하는데도 참는다면 안 된다. 그리고 스스로 사명감이나 소명의식을 지고 괴로워한다면 당장 그것들을 내려놓는 것이 맞다.

인류는 갖가지 이데올로기로 잘 사는 방법을 연구해 왔다. 종교도 마찬가지로 그 과정 중의 하나라고 해도 된다. 진정 잘 사는 방법은 모든 이데올로기로부터 벗어나 스스로가 중심이 되는 삶을 살아야 한다.

10장
교육 후기

1) 스트레스 회복
2) 트라우마, PTSD의 회복
3) 공황장애와 불안 회복
4) 환청과 환각 회복
5) 우울과 조울증의 회복

1 스트레스 회복

"스트레스는 스스로가 스스로에게 행하는 폭력이다."

스트레스는 화(火) 자체다.

화(火)는 나를 태운다.

근육과 체액을 굳고 마르게 만들어 혈관을 좁게 해서 혈관과 온몸의 세포를 염증과 질병으로 상(傷)하게 한다.

만병의 근원이 스트레스라고 한다.

모든 것이 내 의도대로 되지 않거나 불편한 것들이 있을 때 우리는 스트레스 상황에 빠진다. 스트레스는 외부현상을 대할 때 내면의 감정적 대응이 내가 원하는 대로 되지 않을 때 발생한다. 이것은 이성과 감성이 정합을 이루지 못할 때 겪는 심리적 불편함이다.

스트레스도 습관이다.

불안이나 스트레스 상황에 자주 노출되면 뇌의 불안이나 스트레스에 관여된 신경의 뉴런과 시냅스가 발달하게 되어 자연스럽게 습관화되어 조건 발현되던 것이 무조건 발현이 되고, 발현이 안 되면 심리적 불안감으로 또다시 불안과 스트레스의 뇌 회로를 활성화 시켜 스스로 반복적으로 스트레스 상황을 연출한다. 스트레스 호르몬이 생성되어 활성 산소가 발생하게 되면 염증과 몸을 산화와 노화를 시키는 주범이 되며 심인성(心因性) 질환의 원인이 되기도 한다. 스트레스는 근육을 뒤틀리게 하여 척추 측만증을 만들기도 하고 허리 디스크를 만들기도 한다. 불교의 八苦가 모두 스트레스라고 할 수 있다.

무척(無隻) 잘 산다, 라는 말이 있다.

자신 스스로 잘난 척, 있는 척, 아는 척 등 척살이를 하지 않고 살며 남에게도 나에게 원망하는 마음(감정)의 응어리(스트레스)인 척지는 일을 만들지 않는 것을 말한다.

이렇게 두 마음을 내면 마음은 갈등하고, 한쪽 감정을 억압하여 제대로 기혈이 순환되지 않아 정신적, 육체적 괴로움을 만든다. 물론. 사람은 적당한 백색 가면을 쓸 때도 있어야 한다.

서비스업에 종사하는 감정 노동자들이 상담을 하거나 민원 처리를 할 때 감정의 개입 없이 하기란 여간 힘든 일이 아니다.

그리고 퇴근을 해서도 업무 중에 있던 일들이 떠올라 분한 마음에 잠 못 이루는 경우도 있다.

머리에 화(火)가 가득 차면 오후가 되어 머리가 멍한 상태가 되고 이것이 반복되면 치매나 파킨슨과 같은 뇌 질환의 원인이 되기도 한다. 요즘은 인간관계에서 오는 스트레스가 가장 크다고 한다. 특히, 코로나로 인하여 더욱더 심리적으로 힘들 수 있다.

스트레스도 결국 감정의 문제이다. 감정을 와해하면 스트레스는 사라지게 되어 있다.

2 트라우마, PTSD의 회복

트라우마(trauma)는 '상처'라는 의미의 그리스어에서 유래가 되었다.

정신적 외상(外傷)(영구적인 정신장애) 충격이라는 뜻으로 사용되고 있다.

트라우마의 특성은 어떠한 큰 사건이나 사고를 경험하는 과정에서 감정적 충격으로 두려움, 공포를 담당하는 화학 호르몬이 대량 방출되어 자율신경 중 교감신경의 과도한 항진으로 통제 불능의 긴장 고조와 각성 상태가 되고 부교감신경과의 길항작용이 오작동되어 뇌의 시냅스와 신경계가 정상적 흐름이 붕괴되어 일상의 삶을 살지 못하고 그 사건 사고 당시의 충격과 공포의 감정에 완전히 매몰되어 있는 상태를 말한다.

그렇게 되면 감정조절능력이 상실되고 감정선의 변화, 인지 기능의 왜곡과 근·골격의 경직, 감각 이상을 동반하기도 하고 대사성 질환을 야기하기도 한다. 트라우마는 정신적 문제에 그치지 않고 육체적 증상이 동반된다.

트라우마 상황이 호전되지 않고 지속된다면 다른 부정적 심리적 요소(불안의 증가, 우울, 불면, 예민)와 사회적 불안 요소가 가중되면 삶에 대한 의지가 서서히 상실되어, 해서는 안 될 극단적인 선택에 이르게 하기도 한다.

트라우마는 크게 두 가지로 나눌 수 있다.

첫 번째로 사건 사고 직면 당시부터 너무나 큰 감정적 충격으로 상황 종료 후에도 지속적 충격 상태에서 벗어나지 못하는 트라우마가 있다.

두 번째는 어떠한 특수한 상황에 노출되었을 때만 약간 불편한 트라우마가 있다. 불편한 트라우마는 그 상황의 회피나 주의 전환으로 그다지 삶에 심한 영향을 주지는 않는다. 이를테면 개에게 물린 기억 때문에 개를 무서워한다거나 뱀을 무서워한다거나 하는 경우 그 자리를 회피하는 방법을 쓸 수가 있다.

어쩌면 우리의 인생 자체가 사건 사고의 연속이고 사건, 사고 자체가 크든 작든 트라우마이니 트라우마의 연속이 인생이라고 해도 무방할 것이다. 트라우마도 스트레스처럼 벌어진 사건 자체의 문제보다는 그 사건을 목도할 당시 감정적 대응 방식이 가장 큰 문제라고 지적할 수 있다. 누구나 같은 사건을 목격한다고 해서 모두가 똑같은 감정적 대응을 하지는 않기 때문이다.

트라우마는 의식 통제 방식에서 벗어난 무방비 상태의 감정에 어떻게 손쓸 틈 없이 그냥 속수무책으로 노출되게 된다.

트라우마의 범주에 속하는 PTSD와도 트라우마는 결이 완전히 다르다.
트라우마는 직접적인 사건. 사고 상황 속에서 발현돼 지속적인 충격 상태를 유지하는 반면, PTSD는 사건. 사고의 상황 속에서 직접적인 발현이 아닌 그 사건. 사고 목도 후 시간이 경과 후 갑자기 트라우마 증상이 발현되는 특징이 있다. 일단 발현되면 PTSD나 트라우마는 같은 정신 신체 생리 기전을 보인다.

사건을 경험할 때 큰 감정적 충격으로 두뇌 활동과 신체 신경 기전은 생존 모드로 변하므로 기억 작용이 제대로 작동되지 않아 사건의 기억이 조각들로 기억되거나 아예 망실되어 기억을 전혀 못하는 경우도 있다. 또한, 식사도 제대로 못 하고 잠을 잘 때도 사고 당시의 상황이 반복적으로 떠올라 잠들기 힘들거나 악몽을 자주 꾸어 수면장애를 겪는 경우가 많다.

심지어는 자의식이 상실되어 주체적인 사고를 하지 못하고 수동적 양상을 보이는 경우도 있다.
트라우마를 겪고 나면 의식의 활동이 이전과 전혀 다르게 작용하게 된다. 이것은 개인 의지와 정신력의 강하고 약하고의 문제가 아니다.
트라우마나 PTSD에 노출된 범죄 피해자, 가축 살처분 공무원, 119구급대원, 소방공무원, 경찰공무원, 학교 폭력 피해자에게도 잠재적 노출 위험을 안고 있는 산업 근로자들 모두가 트라우마나 PTSD에서 예방과 회복을 할 수 있도록 정신 건강회복 탄력성을 확보하기 위한 아주 강력하고 확실한 의식 프로그램이 절실히 필요하다.

가끔 TV에서 소방공무원의 사망사고를 접할 때 안타까운 마음이

든다. 동료들이나 가족들에게는 트라우마로 평생 가슴에 묻고 살아야 하는 큰 상처가 된다. 사건, 사고에 의한 사고자나 사망자의 모습은 차마 눈 뜨고 보지 못할 형언할 수 없는 처참한 모습의 경우가 대부분인데 보통 강심장이 아니면 견디기 힘들 것이다. 직업이긴 하여도 소명의식이 없이는 견디기 힘든 일이기도 하다. 참으로 힘들고 어려운 부분을 담당해주어 대단히 존경스럽다.

그러나 불행하게도 트라우마나 PTSD에 노출된 사람들에게 근원적으로 원인을 해결할 수 있는 방법이 없는 것이 현실이다. 약물이나 상담을 통하여 증상을 완화시키고 있지만, 실효성이 거의 없는 것 또한 치유를 경험한 사람들 대부분 인지하고 있는 사실이다.

트라우마를 치유하거나 예방하기 위해 감정처리 방법이나 이완 요법, 주의 전환, 등 이성적 개입으로 통제하거나 회복을 하는 것은 유용한 연습이지만 실제 트라우마 발생 상태에서는 큰 도움이 되지 못한다.

트라우마나 PTSD가 근본적인 치유가 되지 않는 것은 치유의 출발점이 잘못된 것이다. 감정의 충격은 두뇌의 문제가 아니라 몸 반응의 문제이므로 본인의 이성이나 의식의 개입을 배제하고 신체에 울결되어 반응하는 감정을 직접 와해시키는 방법으로 회복을 해야만 재발 없는 근원적인 치유가 될 수 있다.

자주 사건사고에 노출되었을 당시에는 문제가 없다가 세월이 흘러

나이가 먹은 뒤, 어느 날 느닷없이 PTSD로의 증상이 발현되는 경우도 있다.

필자가 위와 같은 증상을 가진 분을 만난 치유 솔루션을 진행해 본 경험이 있었다. 젊은 시절에 북파공작원으로 군 생활을 했던 연세가 70이 넘은 어르신이 그 당시에는 젊으니까 문제가 안 되었는데 나이가 들고 보니 정신적 트라우마와 PTSD 증상과 불안 증상 때문에 고생하신 분을 만나 치유를 진행하여 일상의 삶을 회복시켜 주었던 적이 있었다.

필자가 감정와해기법으로 치유 솔루션을 진행하는 과정에서 트라우마의 원인이 되었던 사건만 회복되는 것이 아니라 그전에 심리적 스트레스로 작용한 우울이나 불안 등과 같은 다른 감정적 문제도 회복되는 것을 보았다.

한 예로 몇 년 전에 세종시 장군면 공주영상대학교 앞마을에서 총기 사고로 세 명이 살해되어 전국을 떠들썩하게 된 사건이 있었다. 이로 인해 동네 사람들과 인근에 기거하는 학생들이 집단 트라우마에 빠진 적이 있었다.
그 당시 유가족들은 남편과 아버지가 범인의 총에 맞아 현장에서 즉사한 끔찍한 현장을 목격하였다.

이때 필자는 위에서 서술한 기법인 감정와해기법이라는 독특한 심리프로그램을 진행했다. 일주일에 한 번씩 15주의 기간 동안 트라우마 치유 프로그램을 진행한 것이다. 다행히 15주가 채 되기도 전에 유가족 세 분 모두 일상생활에 복귀하여 정상적인 삶을 영위하는 데 전혀 지장이 없는 상태가 되었다.

필자는 트라우마나 PTSD는 치유 불가능한 영역이 아니고 치유 가능한 감정적 장애이므로 그 감정의 충격만 와해하면 어렵지 않게 벗어날 수 있는 것이 사실이고 현실이 되고 있다고 이야기하고 싶다.

③ 공황장애와 불안 회복

공황장애는 불안장애의 일종이며 육체적 질병과 다른 정신적 문제와 달리 예측 불가능하며 갑작스레 찾아와 죽을 것 같은 극한의 공포와 두려움에 휩싸이며 신체적 이상 감각 증상도 동반하는 것이 특징이다.

공황장애는 자동차의 급발진과 유사한 점이 있다고 보면 이해하기 쉬울 것이다. 이러한 경우가 반복되면 자율신경실조증과 건강 염려증 등도 저절로 생겨난다. 공황장애의 분류 체계는 미국 정신의학협회에서 제정한 광장 공포증을 수반한 공황장애와 광장 공포증을 수반하지 않는 공황장애로 분류하고 있다. 시장, 백화점 등, 사람들이 많이 있는 곳, 터널이나 MRI를 촬영할 때, 갇혀 있는 듯한 고속도로나 엘리베이터 안 등 공황 상태가 발생되면 도움을 청하거나 그 자리에서 벗어나기 힘든 상황일 때 발병하거나 그러한 장소를 회피하는 행동을 하는 것이 특징이다.

　공황장애 하면 연예인들이 많이 발병되어 일명 연예인 병이라고도 한다. 하지만 우리 주변에도 말을 하지 않아서 그렇지 많은 사람이 고통 받고 힘겹게 삶의 무게로 지탱하고 있는 흔한 병이기도 하다. 요즘과 같은 코비드 상황에서 더욱더 많은 발병률을 보인다고 한다.

　공황장애는 특별한 발병 조건 상황이 아닌 예측 불가능한 상태에서 갑자기 교감신경의 과도한 항진으로 죽을 것만 같은 공포와 두려움, 불안이 엄습하며 육체적 증상으로는 심계항진, 과호흡, 호흡곤란, 다한 등을 유발하며 정신 차리기가 힘들며 신체의 이상감각, 미칠 것 같은 느낌, 전신 또는 사지의 화끈거림, 자제력과 통제력이 상실될 거 같은 공포 등의 증상이 나타난다.
　공황장애 또한 트라우마처럼 자신의 의지나 정신력하고는 무관하다. 공황장애를 경험해보지 못한 사람들은 이해하지 못하는 것이 대부분이며 그 끔찍한 정신적 고통 또한 이해할 수 있는 범위의 고통이 아니다.
　초기에는 119로 응급실로 가거나 병원을 찾아 각종 이상 증상에 대한 검사 등을 하지만 신체에는 별 이상이 없는 경우가 대부분이다. 그리고 나면 자연스레 회복되는 경우가 대부분이다.

　한 번 발병을 경험하게 되면 너무나 강렬한 두려움과 공포와 신체의 이상 감각들의 경험으로 인해 다음에 그러한 상태를 재경험할 것이 두려워 불안과 염려를 갖게 된다.

　이로써 자신의 삶 속으로 들어온 공황장애로 인해 항상 재경험에 대한 불안과 특정한 장소 등에 대한 회피로 인하여 삶의 질이 현저하게 떨어지게 된다.

　공황장애 발병의 원인은 아직도 밝혀지지 않았다. 현재는 약물 치료가 대부분이고 인지 행동 치료의 상담도 하고 있다. 하지만, 근원적인 치료가 되지 않는 것은 치료를 받아본 사람들은 인지하고 있는 사실이다.
　그와 별개로 환자 스스로가 복식호흡, 이완하기, 기도하기, 신앙에 의지하기 등 다양한 노력을 끊임없이 하고 있다. 그러나 대부분 발병이 되면 속수무책으로 휩싸이고 만다.

　모든 질병의 치유와 삶도 마찬가지지만 자신의 의지가 제일 중요하다, 라고 말하지만 맞기도 하고 틀리기도 한 말이다. 더 정확하게 이야기하면 정확한 방법이 제일 중요하다.

　그럼 왜 공황장애가 발생하는가?
　아직 정확한 원인에 대해서는 의학계에서 설명하지 못하고 있다. 생각해 보건대, 다양한 조건들이 있겠지만 정서적 불안과 긴장의 누적으로 인한 신경계의 오작동이 아닐까 생각한다. 보통 유년 시절에 집안 환경, 정서적 결함, 정신적 부담, 타인과의 사회성 결여 등이 지속적으로 발달 과정과 성장 과정에 작용하는 불안과 회피의 과정이 누적되면서 신경계의 과도한 스트레스로 인해 어떠한 상황에 본인의 의지가 개입하지 않는 상태에서 신경계가 스트레스를 해소하기 위한 정신, 신체적 회복 기전으로 공황장애 발작이 발생하지 않을까 생각한다.

그래서 공황장애도 정신, 신체의 정상적인 반응이라는 것을 알아야 한다. 보통 암이나 치매의 발병과 같이 공황장애의 첫 발생 후 최소 5~10년이면 거의 재경험을 하는 것을 보아 왔다. 그리고 그 발생 빈도의 시차가 점점 줄어들고 급기야는 약물에 의지하지 않고는 일상생활을 영위하지 못하며 약물을 사용한다 할지라도 재경험에 대한 불안감이나 신체의 이상 감각들이 완전히 사라지진 않는다. 그러면 어떻게 하면 공황장애와 불안으로부터 완전히 벗어나 삶을 살 수 있겠는가?

공황장애와 불안으로부터 완전히 벗어날 수 있다. 필자는 공황장애로 고생하시는 많은 분들을 일상의 삶으로 복귀시키고 있다. 한 예로 컴퓨터 프로그래머인 40대 후반의 처사님이 심한 공황장애와 목조임 현상으로 일상생활과 직장 생활을 하기에도 힘들 정도로 굉장히 큰 위기 상황에서 필자와 인연이 되어 감정와해기법을 통해서 일주일에 1번씩 10주가량 공부를 해서 공황장애로부터 벗어나서 건강하게 직장 생활도 하고 여행을 좋아해서 여행도 다니고 이제는 영적 성장을 위해 공부를 계속하고 있다.

중요한 것은 공황장애의 증상은 완전히 사라졌다 해도 예전에는 공황장애 때문에 느끼지 못한 미세한 불안감이 아침 기상 시에 나타나기도 하여 그 불안마저 완전히 와해해야 한다.

그리고 공황장애를 겪고 있는 분들 가운데 어느 정도 호전되면 자신의 상태를 확인하려고 시험을 해 보는 경우도 있다. 아마도 성격적으로 완벽을 추구하고 책임감이 강한 분들이 이러한 양상이 많이 나타난다.

4 환청과 환각 회복

상담을 하다 보면 의외로 환청이나 환각으로 고생하시는 분들이 왕왕 와서 상담을 한다. 이러한 현상을 겪는 원인은 다양하지만 특히, 어릴 때는 정신 심리적 불안감이 증폭되거나 긴장되는 시간이 지속되고 적당한 영양 섭취가 안 될 때 주로 이러한 증상을 겪는 것을 관찰하게 된다.

2년 전에는 배구선수로 활동하는 중학생을 만났다. 배구공을 받으려고 하면 공이 귀신처럼 보이기도 하고 운동이 끝나고 락커에서 옷을 갈아입으려고 열면 그곳에 귀신이 보인다고 하여 친구들에게도 따돌림을 당하고 두렵고 무서워하며 힘들어 했다. 그래서 감정와해기법을 사용하여 훈련을 4회 정도 하니까 그러한 환청과 환각이 완전히 개선되고 오히려 더 집중력이 강화되어 좋은 성적이 나와 원하는 배구부가 있는 고등학교에 입학을 하게 되었다.

또 한 친구는 고2 학생인데 두 살 터울의 공황장애를 겪고 있던 형이 화가 나거나 별문제도 아닌데 트집을 잡고 자주 구타를 해서 성인들과는 눈도 못 마주치고 소심해지면서 공황장애 초기 열감, 가슴 답답, 다한, 어지러움 등 증상과 우울증 증상을 동반하면서 환청을 듣는 상태에서 상담을 하게 되었다. 이 학생은 약 8회 정도 감정와해 기법으로 훈련을 하고 이명 증상, 환청증상, 눈 마주침, 그리고, 형에게 자신의 의견을 이야기할 정도로 개선된 사례도 있었다.

5 우울과 조울증의 회복

대표적으로 감정의 문제가 무겁게 나타나는 것이 우울이며 기분의 변동이 심하면 조울증이 되는 것이다. 이것은 전형적인 감정의 문제이며 감정만 와해가 되면 가장 쉽게 해결될 수 있는 영역이기도 하다.

여성 작가이면서 천주교 교인이었던 분이 심한 우울증으로 고생을 하던 차 필자와 인연이 닿아 12주 정도 감정와해기법으로 훈련을 하고 우울에서 완전히 벗어났을 뿐만 아니라 잡념 또한 사라져 일상생활을 하는 데 지장이 없게 되었다.

또, 한 예로 눈만 감으면 귀신들이 보여서 잠을 자는 것도 두려워서 잠을 자지 못하고 자살 시도를 몇 번을 했는지 팔뚝이 빨래판이 되었다 해도 과언이 아닐 정도로 칼로 긋고 수술한 자국이 있었다. 공황장애 중증에 양극성 장애, 인격 장애, 우울증 등 병명이 상당히 많았다.

 병원에서는 당장 입원 치료를 권하였으나 입원을 하지 않고 우연한 지인의 소개로 필자와 인연이 닿아 12주 정도 훈련을 하고 상당히 호전되어 일상생활을 하는 데 큰 무리는 없었으나 그 뒤로 오지 않아 소식을 알지 못하고 있다.

 우울도, 조울증도, 불안도 모두가 감정이 문제이다. 감정 자체만 와해하면 모두 빠른 시간 안에 괴로움에서 벗어날 수가 있다.

11장
수련 후기

- **사례 1** 번뇌(잡념)가 없어진 경험
- **사례 2** 화병과 공황장애 치유에서 마음공부까지
- **사례 3** 나와 초등학교 아들의 변화
- **사례 4** 화병의 회복
- **사례 5** 공황장애, 우울, 수족 냉증의 회복
- **사례 6** 잡념이 사라지고 대인관계가 개선되다.
- **사례 7** 괴로움이 소멸된 일상
- **사례 8** 공황장애와 공포심의 회복
- **사례 9** 옛날 일을 매듭을 짓는 법을 깨닫고 감정에 휩싸이지 않는다

> 사례 1

번뇌(잡념)가 없어진 경험

고구려 북소리 원장 관음성 이기현

감정와해기법 플라즈마 명상!!
저는 불자입니다. 현진 스님과는 지인의 소개로 만나 뵙게 되었습니다. 스님께서 대전에서 불교 명상대학을 개강하실 때 참여하면서 선·명상을 공부하게 되었습니다.

우리가 일체 괴로움에서 벗어나려면 괴로움의 근원이 감정이니까 감정만 와해하면 된다고 하시며 감정와해가 되면 저절로 깨달음은 얻게 되는 것이라고 했습니다.
그 감정와해를 하는 방법으로 감정와해기법인 플라즈마 명상이라는 말씀을 하시는데 아주 생소한 명상법이었습니다. 불자로 오랜 시간 공부했지만 처음 들어보고 접해보지 못한 명상이었습니다. 수업은 강의 45분 정도 명상실습 15분 그리고 피드백 약 30분 정도로 진행되었습니다.

입학하여 공부하시는 다른 선생님들과 이론 공부가 끝나고 실기교육인 명상수업을 길게도 아니고 약 15분 정도 하고 스님께서 눈을 뜨라고 하시고 잡념이 일어나느냐고 질문을 하시는데 다른 몇몇 도반들이 잡념이 안 나요, 모르겠어요, 머리가 텅 비었어요. 대답하시는데 저는 좀 이상하다는 생각이 들었어요, 솔직히 스님하고 서로 말을 맞추고 나만 모르나? 아니면 잘못된 나의 아상(我相)과 아집 때문에 안 될까? 하는 생각도 들고, 저 자신을 질책도 하였습니다.

그런데 스님의 3주 차 수업을 하면서 저한테도 저 자신을 의심하는 일이 생겼습니다.

명상을 마치고 스님께서 무언가 물으시며 생각을 하라고 하시는데 "아무런 생각도, 미웠던 사람을 떠올려 보려 해도 생각이 안 올라와요."라는 소리만 반복하고 있는 저 자신을 발견하게 되었습니다, 이렇게 생각이 끊어진 경험은 처음 해 보았습니다.

불교에서 말하는 번뇌, 망상을 비워라. 악연에 고리를 끊어라. 욕심을 버려라. 시비분별 하지 마라. 등 이런저런 많은 말이 있지만 실제로는 마음대로 잘되지 않잖아요? 하지만 스님께서 가르치신 공부를 하면서 그런 것이 저절로 되는 것을 보면서 정말 잡념이 안 떠오르는 이런 공부법도 실제 있구나!!! 참 신기하고 말로는 표현할 수 없는 그런 생각을 하게 되었습니다.

지금처럼 어렵고 힘든 시기에 사람들이 스님이 지도하시는 명상공부를 하면 마음의 고통에서 쉽게 벗어날 수 있을 것 같았습니다. 특히 마음공부를 하시는 분들에게 적극적으로 권해드리고 싶습니다.

2022년 1월 30일
관음성 이기현

> 사례 2

화병과 공황장애 치유에서
마음공부까지

세종 거주 / 직장인 / 여 / 정○미

　현진 스님을 만난 건 내 인생의 큰 행운이다. 원래 화병도 있었고 건강이 그다지 좋은 상태는 아니었는데 작년에 갑자기 더 아프기 시작했다. 적성에 맞지 않는 일을 생계를 위해서 일하느라 인간관계에 치이고 그만두면 안 된다는 정신적 스트레스를 받으며 세월이 흐르니 큰 나무도 지속적인 도끼질 마지막 한방에 쓰러진다는 말이 있는데, 내가 그런 셈이었다.

　그동안 쌓인 게 한꺼번에 밀려오며 정신적 공황이 와서 밥 먹는 것도, 자는 것도 못하여 직장을 다닐 수 있을까? 어떻게 살아야 하나, 다시 건강해질수 있을까? 고민하며 이 병원 저 병원을 다녀도 정신적인 문제라 힘들었다.
　그러다 어느 날, 건강 단톡방에서 스님이 우연히 올리신 글을 보고 공황장애, 트라우마 치유 전문가라고 하시기에 옥천 절까지 가게 되었다. 갈 땐 미쳤구나! 별걸 다하네 속는 셈치고 갔던 게 사실이다.
　몸만 오면 된다고, 감정을 와해하는 마음공부를 하면 될 것이라 해서 명상을 시작하게 되었고 처음엔 진짜 몸만 가니 트라우마의 기억을 많이 없애 주셨고 그 이후엔 명상을 통해 많은 걸 깨닫게 되었다.

일단, 깨달은 건 이십 년 된 화병의 원인이었다.

병원 가서 천만 원 이상 약도 먹었고 너무 오래돼서 화병을 고치긴 힘들단 얘기만 들어 못 고치나 보다 하고 포기하고 살았는데 몸과 마음은 연결돼 있다는 걸 이번에 실감하게 되었다. 명상을 통해 마음의 긴장을 계속해서 풀어주니 몸도 이완이 되어 이십년 간 답답하게 느껴졌던 화기도 풀어져서 마음과 몸의 건강을 되찾기 시작했다.

근육이 아프고 어디가 아프면 물리치료 침 치료만 했지, 마음의 긴장이 있으면 무의식적으로 몸 근육을 경직시켜 몸만 잠시 이완시킨들 정신의 긴장으로 근육은 또 굳어서 뼈를 강직시키므로 몸 건강의 원인은 마음의 이완에 있다는 것을 절실히 느꼈고 이 글을 읽는 분들은 먼저 마음의 이완을 통해 몸의 건강을 되찾기 바란다.

명상 중 아무것도 하지 않는 게 되는 것이란 말씀이 이해되지 않기도 했지만, 스님의 말씀을 믿고 몸만 왔다 갔다 한다고 생각했는데 시간이 갈수록 오묘한 진리의 말씀을 듣게 되면서 재밌고 그동안 살아오면서 인생의 풀리지 않는 갈증을 해결하는 중이다.

그러던 중 스님이 자발공이라고 명상 중 나오는 사람이 있고 안 나오는 사람이 있다는 말씀을 하셨는데 나는 나올 거 같다고 얘기하셨다.

말로만 들었는데 설마? 그런 신기 체험이? 했는데 저번 주에 갑자기 자발공이 나오면서 우주의 에너지가 내 몸을 치유하는 신비 체험을 하는 중이다.

그날 앉아 있는데 오른쪽 무릎이 안 좋았었는데 갑자기 뜨거운 에너지가 무릎을 찌르듯 뜨겁게 치유한 후 이젠 전혀 아프지 않다. 또한, 한 치의 오차도 없이 정교한 각도로 머리부터 시작해서 목 어깨 척추를 앞뒤 좌우 사십오도 각도 등 각종 근육을 움직이게 해서 내 몸을 치유하는 신비체험을 하고 있다.

일단 머리 뒤 한 부분이 항상 안 좋았는데 피가 돌고 어깨도 척추도 피가 돌고 온몸이 재생되는 느낌으로 처음엔 너무나 강한 에너지로 말도 안 되게 내 몸을 움직이게 하니 힘들고 당황하고 무서웠는데 몇 번 한 후 몸이 좋아지는 것을 느끼고 세 번째부터는 "감사합니다." 이렇게 기도를 하였다. 몸이 안 아프니 기분도 상쾌하고 유머가 저절로 나오는 느낌이다.

자발공 중에는 이게 꿈인지 내가 공포 영화의 주인공인가 현실에서 이게 가능한 일인지 놀랐었는데, 우주 에너지가 이렇게 치료를 해주니 구부러졌던 어깨도 제 위치를 찾고 고생에 비해 완전한 건강이란 보배를 얻는 느낌으로 지금은 너무 감사하다.

하지만, 건강은 덤으로 얻어지는 것이고, 감정이 일어나지 않아 괴로움을 받지 않는 상태가 저절로 되는 것이 명상의 목적이므로 어떤 신비 현상도 큰 의미를 두지 않는다. 코로나 시대 같이 점점 황폐화되는 세상사에 휘말려 일희일비하며 산들 나이 들수록 사는 게 더 허무해지는 게 누구나 비슷하게 겪는 인생코스 같다.

세상은 뜻대로 안 되고, 인간관계에 힘들고, 금전적으로 힘들고,

그에 따라 몸은 더 안 좋아지고, 이런 게 비슷한 인생길 아닐까 싶다. 이런 중에 마음과 몸이 온전히 쉴 때가 있을까? 라는 생각이 들며 몸과 마음의 근본적인 쉼이 누구에게나 절실히 필요한 시대가 아닌가 싶다.

내가 만난 명상은 인생사 괴로움을 안 받는 유일한 해결책 같다. 고생하는 명상이 아닌, 화두를 잡는 명상이 아닌, 몸만 왔다 갔다 아무 생각 없이 갈 때도, 아무 생각이 안 나는 참 쉬운 진리의 명상을 하는 중이다.

스님을 만나 앞으로도 계속해서 삼매에서 마음과 몸의 진정한 쉼을 통해 진리를 깨달아 가고 있으니 스님을 만난 건 내 인생의 큰 행운이 아닐 수 없다. 몸과 마음을 쉬게 하는 일주일 중 한 번의 그 순간이 나에게는 세상 그 어떤 것과 바꿀 수 없는 진정한 편안함의 시간으로 자리 잡았다.

2022년 1월 25일
정○미

사례 3

나와 초등학교 아들의 변화

전주/엄마 송다금/초등 6학년 아들/송○○

우리 아들이 태어날 무렵 나는 엄마가 될 준비가 안 된 상태여서 감정적으로 불안한 상태였다. 아들이 태어나고 나서도 나의 불완전한 감정은 온갖 짜증과 화의 화살은 아들에게 향하였고 사랑으로 품어주지를 못했다.

그런 탓으로 아이는 생후 6개월경부터 내 품을 거부하고 5세 때까지 말을 하지 않고 묻는 말에도 대답을 잘하지 못해서 말을 못하는 줄 알았다.

이후에는 분리불안 증세를 나타내고 엄마에 대한 분노와 애정결핍 증상을 갖고 있어서 그런지 자주 넘어지고 생후 13개월까지 중이염과 모세기관지염을 앓고 원인 모를 고열을 10일씩 앓아서 병원 입원도 자주 했었다.

5세경부터 아이에게 정서적 문제점이 있어 보인다는 주변의 전문가 소견을 듣고서야 나는 정신이 번쩍 들었다.

아들에게 미안하기도 했지만 여러 가지 증세들을 바로잡기 위해 6세 후반부터 심리치료를 시작했다. 8세가 되어 초등학교를 입학했는데 입학 이틀째부터 학교 가기를 거부하였다.

수업 시간에는 선생님 얼굴을 한 번도 쳐다보지도 않으며 고개를 숙인 채 손으로 다른 무언가를 계속 만지작거리고 이름을 불러도 대답을 한 번도 안 한다고 선생님이 말씀하시면서 학업에 전혀 집중하지 못하고 있다고 하였다. 처음에는 선생님께서도 바로잡으시려고 주의도 주고 야단을 쳐봐도 전혀 변화하는 것이 없었다고 하셨다. 정말 심각한 상황인 것을 알고 많이 놀랐고 어떻게 해야 되는지 막막하였다.

유치원생부터 심리치료와 미술치료 등 다양한 프로그램에 참가했었지만 큰 효과를 보지 못하였다. 그러던 중 우연한 계기로 계룡산 관희사에 계신 현진 스님과 인연이 되어서 감정와해기법의 방법으로 아들이 초등학교 1학년 겨울 방학 때부터 스님의 지도를 받게 되었다.

스님이 말씀하시기를 아이들은 시비판단능력은 없어도 불안감이 위협으로 느낄 수도 있고, 그 대상이 양육자일 때 더욱 내면에 불안감으로 스스로 보호하려는 심리가 작용하기 때문에 불안에 대한 감정을 와해하고 엄마 아빠에게 따뜻하게 사랑받고 있다는 느낌을 충분히 가질 수 있도록 해 주어야 된다고 하셨다.
그렇게 지도를 받으며 아들이 조금씩 변해가는 모습과 행동들을 보면서 큰 안심을 하고 정말 스님께 감사를 드리고 우리 아들에게도 너무나 고마움을 느끼고 있다.

아이만 스님께 지도를 받으며 엄마가 변하지 않으며 아이를 온전하게 돌볼 수 없을 거라는 생각에 나는 아들보다 2달 늦게 공부를 시작했다. 마음속에 늘 자리 잡았던 분노와 짜증, 심장 두근거림, 고집과 오기 등이 녹아내리기 시작했고 공부를 시작한 지 얼마 안 되어 불면증마저 사라져서 아주 편한 상태가 되었다.

  아들 또한 6학년이 되면서는 수학과 과학, 역사 방면에 뛰어난 실력을 보이며 컴퓨터와 중국어, 검도 도장, 로봇 과학 등 적극참여를 하고 사회성과 좋은 성적을 보이면서 선생님들에게서 아이가 참 남다르게 다방면에 뛰어난 성적을 보인다고 칭찬을 듣곤 하였다.
  처음 심리치료를 받으러 갔을 때 검사 결과가 같은 또래 집단 중 하위 5%에 들어가는 감정 문제를 가지고 있고, 성장하여 힘이 생기면 엄마를 힘으로 제압하고 가출을 하려는 분노와 폭력성을 내재하고 있으며 본인을 불완전한 사람이고 어디 한곳 장애를 갖고 태어난 고장 난 사람으로 표현했다고 했었을 때, 지금 생각해보아도 아찔한 생각이 든다.
  지금은 엄마와 포옹도 하고, 스킨십도 하고, 자면서도 손도 잡고, 사랑 표현도 잘하며 생활을 아주 잘 하는 너무나 사랑스러운 아들이 되었다.

  스님께서 명상을 양자역학과 시공간을 이용해 설명을 자주 하시는데 아들이 그 말씀들을 다 이해하고 도리어 나에게 시공간과 상대성 원리, 양자역학 등을 설명해주는 수준의 이해력을 갖게 되기도 했다.

예전에는 잠을 자면서 폭력적으로 물건들을 집어 던지면서도 본인은 전혀 인식하지 못하는 상태였는데 현재는 얌전히 잘 자고, 하지불안증세가 심해서 잠을 쉽게 들지 못하고 한 시간 정도를 뒤척이다가 잠이 들곤 하였는데 지금은 그런 뒤척임도 없이 잘 자고 있다.

가끔 아들에게 물어본다.
눈을 감고 있으면 잡념이 있느냐고. 그러면 아주 시원하게 말한다. 잡념이 일도 없이 아무 생각이 없이 맑다고, 유아 시절부터 했던 검도, 중국어, 바둑 등도 하기 싫다는 말없이 스스로 잘 챙겨서 다니고 있는 성실성을 갖고 생활한다.

이 모든 변화를 이끌어주신 현진 스님께 다시 한번 진심으로 감사드린다. 그리고 그렇게 잘 따라서 예쁘게 성장해준 우리 아들에게도 너무 고맙고, 감사하고 이제 중학교 입학을 하는데 멋지고 건강하게 커 주길 바라 본다.
감사합니다.

2022년 1월 25일
송○○

사례 4

화병의 회복

피아노 학원 원장/여/이경숙

저는 피아노 학원을 30년간 운영하며 레슨을 하는 강사입니다. 피아노 레슨을 하면서 학교 교육과는 다른 제 개인을 위한 이익을 위해 남보다 더 잘 지도해야 한다는 압박감과 자식에 대한 기대치가 높은 학부모들과의 갈등, 레슨 학생들과의 소통의 갈등 속에 허덕이다 보니 자연 가정생활에 소홀하게 되어 제 아들과의 갈등까지 아주 심각한 문제점이 나타나게 되었습니다.

심한 압박감과 스트레스로 인해 근육이 굳어가고 두려움에 시달리고 두통과 불면증으로 고통을 받고 있을 때, 지인의 소개로 현진 스님을 만나게 되었습니다.

저는 20대부터 기독교 신앙생활을 하였습니다.
위의 여러 가지 문제점을 기도를 통해 이겨내려 애쓰며 새벽기도와 각종 예배를 다니면서 종교에 매달려 보기도 했습니다. 기도하는 순간 마음에 위안을 받기는 했지만 근본적인 치유는 하지 못했습니다.

현진 스님을 만나 마음공부를 시작하면서 저 자신의 단점을 알게 되었고 단점을 인정하지 못하여 상처가 되고 병이 되었다는 사실을 알게 되었습니다.

먼저 아들과의 갈등이 어디서 오는지를 알게 되었습니다. 아들에 대한 욕심에서 비롯된 제 행동에 문제점이 있음을 깨닫게 되었습니다.

레슨 학생들의 학부모들이 자신의 자녀들에게 요구하는 것들을 저도 제 아들에게 똑같이 하고 있음을 깨닫게 된 것이었습니다.
내 아들에 대한 마음을 객관적으로 보게 되면서 아이와 소원했던 서로의 마음을 조금씩 풀어가게 되었습니다. 두려웠던 학부모들과의 자녀 상담에 대한 자신감도 생기면서 자녀를 객관적으로 바라볼 수 있는 시각을 갖도록 학부모들과 상담도 하고, 자연스럽게 자녀와의 관계 개선에 대한 서로의 의견을 나누고 소통하게 되었습니다.

이후 레슨 아이들도 예전과 달리 부모님과 나누기 어려운 자신의 일을 제게 말해주고, 저는 아이들에 대한 고민을 학부모님들과 공유하게 되면서 자연스레 아이들과의 소통이 이루어져 학원 운영이 수월해지게 되었습니다.
학생 수가 많고 적음에 심한 불안감을 갖고 있었던 제 마음이 달라졌고, 학부모님들의 많은 요구에도 어느 정도 수용하고 거부할 것은 거부를 하게 되었으며 아이들의 인성을 탓하기 전에 아이를 객관적으로 관찰하게 되었으며 좀 지켜보며 스스로 깨닫도록 기다려 주는 여유도 생겼습니다.

성경 말씀 마태복음 13장 3절~8절 말씀에 "씨가 어느 밭에 뿌려져야 되는"이라는 비유에 말씀이 나옵니다. 밭은 곧 마음을 뜻합니다. 마음의 밭을 어떻게 만들어야 좋은 밭이 되는지를 마음공부를 통해 알게 되었습니다.

모든 사람은 종교를 떠나서 마음이 어떻게 생기게 되고, 마음의 문제점을 알고 변화되어가는 것인지, 마음공부는 인간은 마땅히 알아야 할 인문학이고 철학이라고 생각합니다. 많은 사람에게 마음공부를 권하여 드리고 싶습니다.

2022년 2월 5일
이경숙

사례 5

공황장애, 우울, 수족 냉증의 회복

퇴임 교사 / 여 / 이연자

저는 30년간 교직 생활을 하고 명퇴한 교사입니다. 퇴직 즈음 아무 이유 없이 심한 두통과 근육통, 우울감, 숨이 잘 안 쉬어지는 공황장애 증상이 시작되어 고심을 하고 있었습니다.

그러던 중 친언니의 권유로 사)전신건강교육개발원 현진 원장 스님을 소개받았고 센터에서 주 1회 마음공부를 시작하게 되었습니다.
마음공부를 하면서 지나온 교직 생활을 돌이켜 생각해보니 즐거운 일도 많았지만, 그 즐겁다고 생각했었던 생활들이 즐거우려고 애썼던 것이었다는 것을 알았습니다.

가끔씩 아이들의 생활지도 및 인성교육에서 아이들에게 상처주지 않으려 애쓰고, 마음 아픈 아이들의 감정을 받아 줄 여유도, 그 아이들의 생활 속에서 뒤엉킨 감정들이 풀어질 때까지 기다려 줄 여유도 없이 그냥 떠밀고 끌고 가려니 너무 힘들었던 것 같습니다.
가정과 일터에서 힘든 내색하지 않으려 노력하면서 내 마음과 감정과 몸 상태가 점차 지쳐 가고 있었습니다.

꾸준히 마음공부(감정와해기법· 플라즈마 명상)을 통해 나 자신을 객관적으로 바라볼 수 있게 되었고, 잡념이 서서히 사라지기 시작하고 자발공이라는 활공 현상도 나타나면서 손발이 엄청 차갑던 것이 점점 따뜻하게 되면서 마음도 편안해지면서 마음이 차츰 안정되기 시작하였습니다.

가끔 찾아오던 터널 안에서 숨이 안 쉬어지던 공포심도 괜히 밀려오던 우울감도, 두통과 근육 통, 뭐든 잘 잘하려고 욕심내며 분주하게 바쁘던 마음도 이제 저 멀리 사라져 버려 마음이 상상할 수 없을 정도로 편해 졌습니다.

몸이 아프면서 시작되었던 미래에 대한 불안감들이 언제 사라졌는지 모르게 사라졌고 지금 이 시간에 집중하게 되었으며 내 주변의 모든 것들이 심플해진 듯합니다.
현재 생활 속에서 편안함과 안정됨과 또 다른 하고 있는 일에 매이지 않게 되었고 어떤 일에 너무 깊이 생각하며 요리조리 재어보던 습관도 어느 순간 내던졌는지 욕심내지 않고 그냥 살아가고 있습니다.

숨이 턱턱 차오르게 분주했던 일상들이 어느 순간 평안해졌는지 지금은 언제 그랬는지 기억조차 아득합니다. 지금은 마음공부를 하면서 더 깊은 마음의 세계를 탐구하며 마음공부를 하면서 평화로운 일상을 보내고 있습니다.

2022년 1월 20일
이연자

사례 6

잡념이 사라지고 대인관계가 개선되다.

자영업 / 남 / 김기훈

저는 사)정신건강교육개발원 총괄본부장으로 2016년 2월부터 시작한 대전교도소에서 출소를 앞둔 재소자 인성교육 프로그램을 진행하시는 (사)정신건강교육개발원 이사장이신 현진 스님을 수행해서 교육 과정에 자연스럽게 참여하는 기회가 있었습니다.

출소를 앞둔 재소자들이 출소 후 안정감 있게 사회에 복귀하여 평범한 시민으로의 삶을 복귀하도록 하고 재범률을 줄이기 위한 교육의 일환으로 실시하는 교육이었습니다.

강의 진행은 원장님이 40여 분 강의를 하시고 15분 정도의 명상 시간을 가진 뒤 30분 정도 수련하고 피드백 시간을 갖습니다. 강의 내용도 보통 인문학 강의에서 들을 수 없는 정말 체감할 수 있는 내용이어서 좋았습니다.

무엇보다도 원장님이 지도하시는 명상법인 감정와해기법은 다른 명상법과 특이하게 많은 부분이 달랐습니다. 일반적 명상은 보통 허리를 세우고, 턱을 당기고, 생각에 집중하던 음악에 집중하라고 하는데 감정와해기법은 그냥 하고 싶은 자세, 엎드리고 싶으면 엎드리고, 잡념이 올라오면 잡념을 그냥 생각하고, 졸리면 졸라고 하시고,

심지어는 잠이 오면 잠을 자라고 하는 것이었습니다.

처음에는 제가 아는 명상하는 방법과는 너무나 다르고 시간도 고작 15분 정도만 해서 그래서 효과가 있을까? 의아해 했는데, 결과는 보고 들으면서도 참으로 믿기 힘든 일들이 벌어지는 것이었습니다.

보통 한 반이 약 20명~40명 사이가 되는데 명상이 끝나고 나면 잡념을 떠올려 보라고 하시며 생각이 안 떠오르는 분 손을 드세요. 하면 놀랍게도 대여섯 명씩 손을 드는 것이었습니다.

그러면 원장님은 몇 가지 추가 질문을 던지시며 재확인시켜줍니다.

저도 명상 시간에 자연스럽게 참여를 하게 되면서 저 또한 잡념이 없어진 상태가 되었습니다.

교육을 마치고 돌아오는 차 안에서 원장님께서 저의 의식 상태를 체크하여 주시면서 여러 가지 설명을 해주었습니다.

처음에는 이해가 안 되는 부분이 많았지만, 나중에 사회생활을 하면서 그 말뜻이 이것이었구나! 하며 이해가 되곤 하였습니다.

그렇게 하여 교육에 참여하는 횟수가 누적되면서 나에게 문제로 있던 여러 가지 성격의 문제와 대인관계의 어려운 것들이 저절로 알아지고 상대가 무엇을 원하는지 느껴지게 되어 대인관계가 많이 개선되었습니다.

그리고 소심한 성격 탓에 다른 사람 눈치를 보느라 기분 나빠도 표현하지 못하였는데 지금은 내 마음을 눈치 보지 않고 솔직하게 말을 하게 된 것은 저에게는 놀랄 만한 큰 변화였습니다.

그리고 기억은 있지만, 감정의 동요가 사라지고 잡념이 없어져 지금 하는 일에 놀라운 집중력과 몰입도가 높아졌으며 직관력이 남다르게 좋아져 무엇을 하든 금방 답을 얻곤 하는 자신을 발견할 수 있어 스스로 놀랄 때가 많이 있었습니다.
  지금은 지나온 과거의 일 때문에 괴롭거나 힘든 것은 사라져 없고, 현재 하는 일에 자연스럽게 집중이 되며 불안감이나 걱정은 없으면서 미래를 그려 보고 있습니다.
  일의 성공 여부를 떠나 이렇게 불안하지 않고 늘 재미있는 하루하루를 사는 것이 저에게는 가장 큰 복이 된 거 같습니다.

  감사합니다.

2022년 2월 10일
김기훈

사례 7

괴로움이 소멸된 일상

직장인/남/정○환

고등학교 시절까지는 대다수의 평범한 아이들과 같이 정규 교육 과정을 거쳐 대학교에 진학하였고 거기서 우연히 단전호흡 동아리에 가입하면서 정신세계에 대한 관심이 시작되었습니다. 그 당시에는 여러 가지 동서양 종교, 철학, 사상 서적을 읽었고 실제로 기수련을 통해 깨달음을 얻고자 노력했었던 것 같습니다.

하지만 일반적인 사람들의 삶을 선택하게 되었고, 대학을 졸업하고 대기업에 취직도 하고 결혼도 하고 자식도 낳고 평범한 일상을 살았습니다. 하지만 마음속에선 항상 수행과 깨달음에 대한 갈구가 있었던 것 같습니다.

그러던 중 IMF 사태가 오고 그 혼란 중에 직장을 그만두고 자영업을 하게 되면서 나름 개인적인 시간을 많이 갖게 되었고, 학창시절부터 나름대로 수행의 끈을 놓지 않고 꾸준히 한길을 걷고 있는 선배님과 만나게 되면서 일상과 수행을 병행하는 생활이 시작되었습니다. 참고로 선배님께서 하신 수행법은 전통 무술을 바탕으로 한 정신 수행이었는데, 과거 중국의 소림사 등에서 했던 방법과 유사한 것으로써 무술을 통해 신체 기능의 극대화를 하면서 정신적으로는 종교적인 방법을 병행하는 그런 수행이었습니다.

그러나 현실의 삶이 그리 호락호락하던가요? 돈과 권력이 최고의 가치로 자리매김하고 있는 대한민국에서 한 집안의 가장이 경제적인 삶과 정신적인 수행을 병행한다는 것은 무모한 도전이었던 것 같습니다. 지금이라면 충분히 가능한 일이지만, 그 당시에는 단지 젊음 하나만 믿고 세상에 도전장을 내민 철부지 행동이었던 것 같습니다. 경제적인 실패에 대한 대가는 혹독하고 참혹했습니다. 특히 우리나라에서는 말입니다. 가정이 해체되고, 다시 한 번 더 재기한다는 것은 거의 불가능에 가까운 일이 되어 버렸습니다. 방향을 잘못 설정한 깨달음에 대한 허상이 불러온 참사이자 대가였던 것입니다.

이렇게 정신세계에 대한 모든 내용은 허구이자 실재하지 않는다는 결론을 내려버렸고 작용과 반작용으로 물질 세상으로 완전히 돌아서서 그냥 평범한 삶을 살아가자고 결심하게 되었습니다. 많이 늦은 감은 있지만 공무원 시험 준비를 했고, 운이 있었던지 짧은 기간에도 불구하고 합격해서 공직 생활을 시작하게 되었습니다. 나름 인생의 밑바닥을 쳤다고 생각했고 동년배 친구에 비해 너무나도 늦게 시작한 공직 생활이라 그냥 안정적인 직업을 갖고 호구지책이나 하자는 마음으로 하루하루 생활을 했던 것 같습니다.

하지만 마음과는 다르게 이번에는 주변의 동료들이 문제였습니다. 모든 것은 내 탓이라 환경과 주변을 탓하는 것은 어리석은 일이 될 수도 있겠지만, 유난히 주변의 견제를 많이 받게 되었고, 오해가 오해를 낳으면서 주변 동료들과 어울리지 못하는 상황이 되어 버렸습니다. 이런 생활이 이어졌고 하루하루 정신적인 고통 속에서 일상을 보내던 중 갑자기 전출을 가는 기회가 생겼습니다.

　전출지에서 시작한 생활은 너무나도 마음이 가벼웠고, 업무도 적성에 맞았습니다. 새로운 인연들과 관계도 잘 맺으면서 이전과는 다른 삶이 시작되는구나 하고 생각했지만 여기서도 인간관계의 어려움이 시작되었습니다. 낭중지추라 개인적으로는 자연스러운 행동이 어쩔 수 없이 튀어나올 수밖에 없는 인생이 아닌가 싶을 정도로 주위에서 유달리 견제를 많이 하는 것이었습니다.

　그러던 중 지인에게 갑자기 공황장애가 발생하는 일이 생겼습니다. 해결책을 찾으려 여기저기 헤매며, 정신과도 가보고, 한의원도 가보면서 이런저런 방법을 써봤지만 아무런 도움이 되지 못했습니다.
　이때 우연인 듯 필연인 듯 스님을 만나게 되었습니다. 편안한 웃음을 가지신 스님의 모습을 보며 무언가 있으신 분이구나 생각이 들었습니다. 분명히 지인과 상담을 하고 있으신데 내게 상담을 하는 듯한 생각이 들 정도로 스님께서 하시는 한 말씀 한 말씀이 가슴에 와 닿았습니다. 이렇게 예전에 묻어두었던 열정이 되살아나며 다시 수행의 길로 들어서게 되었습니다.

　스님과 수행을 시작한 처음에는 무슨 일이든지 계획적으로 행동하려는 나의 습관 때문에 선정에 들기가 힘들었습니다. 스님께서 전수해주시는 명상은 열심히 하려고 하면 할수록 안 되는 공부법인데 나의 습(習)이 공부에 방해가 되었던 것입니다. 습이 견고하다는 것은 느꼈으나, 수행하는 시간이 점점 길어지면서 스님께서 진도를 점

검해 주셨는데 남들보다 진도가 빠르다며 기뻐하시는 모습을 보면 기분이 좋기도 했습니다.

　스님의 발공으로 의식은 깨어 있는데 몸은 코를 골고 자는 신기한 경험을 하기도 했으며, 옆에서 함께 명상을 한 지인과 명상을 마치고 나서 서로 자기는 안 잤는데 왜 잤다고 하느냐며, 코까지 골면서 잘 잤으면서 무슨 소리냐며 웃기도 하는 해프닝도 있었습니다.

　명상을 다시 시작하면서 많이 달라진 모습을 볼 수 있었는데, 옛날 같으면 화를 참지 못하고 가슴이 요동치며 버럭 했을 상황이 되어도 별다른 감정적 동요 없이 넘어갈 수 있는 에너지가 생긴 것입니다. 그리고 가장 큰 변화는 인간관계에서 일어났는데, 특히 내게 부정적인 사람들을 대하는 나의 마음에서 많은 변화가 있었습니다. 매일 볼 수밖에 없고 항상 부딪힐 수밖에 없는 직장 동료가 부정적인 관계가 되면 하루하루가 참으로 어려운 법인데 그 사람들을 대하는 마음이 편안해지면서 그냥 동영상 보듯이 지나가게 되는 것이었습니다. 인간관계에서 상처를 많이 받아온 나에게는 신세계였습니다. 심장이 조여 오는 느낌을 받을 정도로 심각했었는데 담담한 것이 여기가 천국이구나 하는 생각이 절로 들었습니다.

　부정 긍정의 개념도 많이 약해지고, 상황에 따라서 겉으로는 감정적인 표현을 하지만 내적으로는 감정에 얽매이지 않는 그런 경험이 지속되었습니다. 이렇게 감정체가 인간을 괴롭히는 가장 큰 고통의 근원이라는 것을 체험으로 알게 되었습니다. 감정이 개입되지 않으면서 마음을 버리고 생활하는 것은 몸의 변화로도 이어져서 몸속 깊은 곳에서부터의 변화도 일어났습니다. 갇혔던 마음이 풀리니 몸도 풀리면서 알게 모르게 깊이 숨어 있던 병도 하나씩 나아졌던 것입니다.

 스님과 인연을 맺은 지 이제 9개월쯤 되어가는, 길다면 길고 짧다면 짧은 시간이지만 매시 각각 일어나는 현실의 삶을 대하는 마음은 너무나 많이 변한 것 같습니다.
 매주 한 번씩 듣는 스님의 설법은 그야말로 무엇과도 비교할 수 없는 나 자신에게는 존재의 영약인 것 같습니다. 말씀으로 전달되는 것이기 때문에 먼저 이해를 하고 체화하는 과정을 거쳐야 하는 것이 일반적인 학습의 과정으로 알고 있습니다.
 하지만 스님의 설법은 두뇌에서 숙지하고 뭔가 방법을 찾으며 하려고 애쓰지 않아도 자연스럽게 되는, 스님 말씀대로 하면 '삼매설법'이라는 표현 외에는 달리 나타낼 수가 없는 아주 독특한 신개념의 공부 방법이었습니다. 제 수준에 정확히 일치하는 내용으로 한 치의 오차도 없이 설법을 하십니다. 이런 경험도 이제껏 없었던 일이었습니다.

 석가모니 부처님께서 천상천하유아독존(天上天下唯我獨尊) 무상정등각(無上正等覺)의 깨달음을 얻으시고 오랜 세월 법을 전하시면서 그 방법도 점점 숙성되어 갔는데, 말년에 하신 방법이 바로 '삼매설법'이라고 하셨습니다. 세월이 많이 흐르고 불교도 여러 가지 내용으로 다양해지고 많은 분파가 생기면서 그 방법이 사라졌었는데, 스님께서 많은 시행착오 끝에 다시 복원하게 된 것이었습니다.

'땅의 습성을 먼저 체득하고 하늘의 속성으로 살아라'라는 스님의 말씀은 "하늘에서 이루어진 뜻이 땅에서도 이루어지리라"라는 예수님의 말씀과도 상통하는 진정한 사람의 삶에 대한 가르침입니다. 이제껏 긴 세월 땅의 습성은 충분히 체득하여 생명을 유지하는 법을 알았으니 지금부터는 하늘의 속성으로 살아야 할 것 같습니다.

　땅의 습성을 체득하는 방법과 하늘의 속성에 따라 사는 것은 얼핏 보면 상반되는 내용으로 비칠 수도 있습니다. 하지만 땅은 몸이고 하늘은 의식인지라 둘은 떼려야 뗄 수 없는 관계이고 결국 둘도 하나도 아닌 이 주체를 가져가야 할 방향성에 따라 남은 생은 결정될 것 같습니다.
　앞으로 가야 할 길이 한참입니다. 하지만 스님의 가르침으로 가는 길이라 그 여정이….

　이제 마음을 어느 정도 버리고 나니 표현할 말이 잘 떠오르지 않네요. 행복이니 즐거움이니 할 수도 있겠지만 모두 감정 즉 마음의 허상인지라…. 시공간의 개념이 사라진 절대계를 가장 잘 표현한 글이 금강경에 있는데 응무소주이생기심(應無所住而生其心)입니다. 어디에도 매이지 않는 대 자유의 자리에 가보고 싶다는 바람으로 글을 맺습니다.

2022년 2월 15일
정◯환

사례 8

공황장애와 공포심의 회복

직장인 / 남 / 이상준

제 마음의 병이 언제부터 싹이 트고 시작되었는지는 정확히 모릅니다. 하지만, 공황 발작을 겪은 시점은 대략 기억이 납니다. 2009년도쯤인 걸로 기억합니다. 저는 대전의 작은 회사에 다니고 있었습니다.

사장님하고 제주도 출장을 갔다가 부산으로 다시 올라와서 부산 거래처 사무실 안에서 갑자기, 난데없이 잡념이 일상적이지 않게 거칠게 올라오는 것을 느끼게 되었다. 그 잡념에 어느 순간 나도 모르게 점점 집중하게 되고 더 깊게 빠져들어 벗어나려 할수록 마치 잡념의 늪에 빠진 기분처럼 점점 더 깊이 빠져들어 갔습니다.

그 생각을 떨쳐내려 하면 할수록 전 점점 마음의 집착이 강해졌고, 어느 순간 저는 패닉 상태에 빠졌습니다. 얼굴이 화끈화끈한 채 사장님께 양해를 구하고 사무실을 빠져 나와 바깥의 바람을 쐬는데도 잡념은 저를 계속 따라다니며 집어삼키려고 하고 있었습니다.

그때마다 저는 컨트롤이 안 되니까 공포감을 느꼈고, 그 공포감은 또다시 공포감을 낳고, 그 공포를 느끼는 저 자신이 더욱 공포스러움이 증폭되어 이러다 죽을 것만 같아 살기 위해 눈에 보이는 아무

병원이나 찾아 뛰어 들어갔습니다.

　간 곳이 내과 병원이었는데 의사 선생님이 응급상황이니까 빨리 부산대 응급실로 가보라고 하였습니다. 저는 순간 부산대 병원은 가기 싫다. 라는 느낌이 들었고 그냥 정신없이 병원을 빠져 나와 빠른 걸음으로 길을 걸었습니다. 아무런 생각도 들지 않았고 오직, 제 몸은 공포감으로 뒤덮여 있을 뿐이었습니다.

　사실 이 기억은 떠올리고 싶지 않은 기억입니다. 하지만, 많은 사람에게 제가 느낀 이 체험을 공유하고, 저처럼 공황장애를 극복하시기를 바라는 마음으로 글을 씁니다. 제 몸은 제 것이 아니었고, 제 영혼도 현재 여기 내 몸에 붙어 있지 않은 느낌이었습니다. 얼굴을 아무리 꼬집어도 느낌이 없었고 제 얼굴을 쳐다보아도, 제 얼굴이 아니었습니다. 저는 그냥 공포에 질려 모든 것을 잃어버린, 그냥 육체가 분리된 영혼 그 자체가 제 얼굴을 바라보는 느낌이었습니다.

　제 영혼은 이대로 가면 넌 영원히 현실 세계로 못 돌아와~ 평생 바보로 살지도 몰라, 하고 제 영혼이 말하고 있는 듯한 느낌이었습니다. 몸은 내 것이 아니었고, 오로지 영혼이 위에서 바라보고 있는 느낌. 언어중추는 이미 마비되어 멍한 상태로 주어 서술어 딱 두 단어로 된 말밖에 할 수 없었습니다.

　다시 대전으로 복귀하고, 저는 한동안 몇 번의 공황 패닉을 겪었습니다. 그리고 몇 달이 지나 어느 정도 정신을 차리고서야 정신과를 찾아갔고 한동안 정신과 약을 3년간 복용하였습니다.

정신과 약을 몇 년 복용하다 보니 약의 대미지가 누적되어 저는 순간순간 멍해지는 경험을 했고, 나에 대한 생각 자체를 잘하지 못하였습니다. 아무리 나에 대해 느끼려 해도 느껴지지가 않았고 사람들이 약간 반쯤 정신이 나가 있는 듯한 제 모습에 다들 저를 이상하게 쳐다보는 듯한 느낌을 받았습니다.

그래도 세상 다 포기하여도 공황발작만 안 왔으면 하는 마음에 열심히 정신과를 다녔고, 마음은 조금 안정되어 가는 듯싶었습니다. 어느 정도 안정이 되었다. 싶었을 때 약을 스스로 끊었습니다.

그러나 또 불안감이 올라오고, 잡념이 올라오고, 그 잡념을 통제하려고 해도 잡념의 실체조차 제가 무엇인지 알지 못하고, 보지 못하는 생각 바보가 되어 있었습니다. 그제야 생각했습니다.

'아~ 이게 약의 부작용이구나, 약을 끊어야겠다.'

마음을 먹고, 잡념이 올라와도 공포감이 올라와도 버티고 버텼습니다. 그러다 어느 날 저는 생각의 늪에 빠지고 말았습니다. 그 생각의 늪은 공포감의 늪이었습니다. 아니, 공포감이 없으면 허전한 사고의 늪, 저는 공포감을 스스로 계속 불러내고 있었습니다.

그리고 살려 달라 살려 달라 마음에게 애원하고, 심심하면 또 공포감을 스스로 불러내고, 또 공포감에 질려 살려 달라 애원하고, 이렇게 공포감을 즐기고, 불편한 느낌을 무한히 끊임없이 즐기면서, 그러면서도 고통스러워하는 저 자신을 느끼고 있었습니다.

일종의 자기 학대였습니다. 정말 순간순간이 지옥이었습니다. 저는 완전히 공포감으로 가득 찬 세상을 제가 스스로 만들고 그 안에서 공포감 속에서 헤엄을 치고 있었습니다. 하지만, 그 공포감의 세계를 저 스스로 빠져나올 수는 없었습니다.

왜냐하면, 그것은 저 스스로 만든 세상이었고, 저도 모르게 계속 그 공포감을 만들고 유지하려고 하였습니다. 이유는 모르겠습니다.

그냥 자신에 대한 학대였습니다. 마음의 백혈병 그런 것이었습니다. 제 마음이 제 마음을 힘들게 하는 그런 병. 이대로는 살 수가 없었습니다.

그러길 한 3년, 지옥 같은 3년의 시간을 보냈습니다. 이후 몇 년간은 아무 일 없이 아니 조금은 있었지만, 그나마 다 내려놓고, 작은 사찰들을 찾아다니며, 108배하며 마음을 추스르는 데 집중하고, 사진 취미나 여행을 다니며 오롯이 저 자신을 찾는 것에 집중하였습니다.

나는 누구인가 이 생각만 하면서 그러다가 2018년 다니던 직장을 그만두고 이직을 하게 되었습니다.

전에 8년간 다니던 직장에서 월급이 3년이나 밀려서 도저히 더는 빚내서 다닐 수가 없었습니다. 이직하니까 처음에는 좋았습니다.

전 직장보다 급여는 두 배 올랐고, 사장님도 저를 너무너무 잘 대해 주었습니다. 근데 문제가 있었습니다. 다니던 직장은 토요일 일요일 출근하고, 매일같이 밤 12시까지 저랑 야근하기를 반복하였습니다.

 이렇게 한 1년을 야근과 주말 특근을 하니, 몸이 많이 쇠약해졌고 너무 예민해졌습니다. 그 회사를 1년 정도 다닌 어느 날 저는 심한 구토 증세를 겪고 말았습니다. 정말 숨만 쉬면 구토를 하였습니다. 잠도 제대로 잘 수가 없었습니다.

 그러다 어느 날 현진 스님을 알게 되어 스님이 하시자는 대로 한번 큰맘 먹고 해보게 되었습니다. 처음에 하시는 말씀이 수면 명상이라고 하였습니다. 또, 수기 기공이라는 말도 하셨고, 치료 첫날부터 명상실에서 편안히 수면 명상을 하였습니다. 나중에 알고 보니 그것이 감정와해기법이었던 것이었습니다.

 희한하게 선방에 들어오면 구역감이 사라지는 경험을 하였습니다. 일상으로 복귀하면 다시 끊임없는 구토 구역감이 느껴졌고 공부한 지 한 달 보름 정도 되었을까요?
 제 마음은 점점 평온을 찾은 듯하였습니다. 그리고 저는 또다시 다른 회사로 이직을 하게 되었습니다. 저는 구토감이 제발 안 올라오기를 마음속으로 빌고 빌었습니다. 그리고 당시에는 스님 치유가 무언지 몰랐었고 그냥 스님이 하시자는 대로 하였습니다. 중간에 조금 나아진 듯싶으면 빠지기도 하고 이내 증상이 올라와 후회하고 다시 열심히 스님을 찾아뵙고 마음공부를 하였습니다. 그렇게 몇 개월의 시간이 지나고 저는 거의 일상의 삶을 회복하였습니다.

그 이후부터는 스님이 세상의 이치에 대해 강의를 듣게 되었고 점점 아~ 이런 거였구나! 조금씩 알아가게 되었습니다. 내가 왜 이 병을 겪었는지 가끔씩 이유를 설명해주셨습니다. 그래서 내가 예전 어릴 적에 이런 일 때문에 지금 이런 현상을 겪는구나 하면서 하나씩 깨닫게 되었습니다.

마음은 점점 편안하게 변해가는 나 자신을 조금씩 느끼게 되었고, 뭔지는 모르겠지만, 치료되어가는 나 자신이 신기했습니다.

스님의 법이라 어떻게 치료되고 하는 원리는 저는 중요치 않습니다. 저는 그냥 이 고통만 벗어나면 그만일 뿐입니다. 이제는 마음의 안정을 많이 되찾고, 스님의 법문을 듣고 법문을 따라 세상을 배우며 알아가며 살고 있습니다.

한때는 저도 스님이 되고 싶은 마음이 있었지만, 마음의 병이 들어 있는 나 자신의 치료가 우선이라 그 마음은 뒤로 미루었고 이제는 마음공부의 필요성을 알아가고 있습니다.

현대인에게 마음이 얼마나 중요한지 복잡한 이 세상 속에 얼마나 많은 사람이 순간순간 좌절하며 자신도 모르게 싹틔워 온 마음의 불만들이, 찌꺼기들이 얼마나 자신 스스로를 괴롭히며 살고 있는지 아마도 잘 모르실 것입니다.

저는 이제 아프지 않으려면 마음공부가 얼마나 중요한지 그리고 살면서 마음공부가 제일 우선되어야 하는 것을 알게 되었습니다.

저는 프로그램 개발자입니다. 프로그램에도 법칙이 있습니다. 물론 법칙대로 움직이는데, 프로그램을 통해 만들어지는 세상은 제가 만드는 겁니다. 프로그램은 단지 도구일 뿐이고, 결과물은 제가 창조해 내는 겁니다. 마음도 마찬가지라 봅니다. 세상의 법칙은 있습니다.

하지만, 법칙이 있다 하더라도, 세상은 그 법칙 속에서 내가 만드는 겁니다. 순간순간 내 인생은 내가 창조하는 것이고, 단지 법칙에 따라 세상은 움직일 뿐입니다.

하지만 그 법을 알기까지 우리는 너무나도 배워야 할 것이 많습니다. 현진 스님은 마음의 법칙을 훤하게 알고 계십니다. 어느 순간 사람들의 마음이 아픈지, 한 사람 한 사람의 이야기를 다 들어주시고, 어디가 어떻게 뭐가 잘못되었는지 그 사람이 어떤 법칙을 간과해서 꼬였는지 알고 계시고, 그에 맞는 말씀과 치유법을 제시해 주십니다.

스님이 제시하는 명상은 세상 어느 명상법보다 편안합니다. 마음을 내려놓을 필요도 없고, 마음을 스스로 다잡으려 애쓰지 않아도 됩니다.

그냥 스님의 법문을 듣고, 이해해도 되고 이해 못 해도 다음에 또 들으면 되고, 스님이 하시라는 대로 애쓰지 말고 그냥 따라서 명상하고 법문을 들으면 그것으로 치유가 됩니다. 나머지 부분은 스님이 다 알아서 해주십니다.

마음의 등불이 되어 우리 마음을 지켜보는 듯싶습니다.

아프지 말고, 아니 아프더라도 스님 법문을 한번 듣고 해보세요.

자유의 편안함을 경험하실 겁니다. 그럼 아프지 말고 다들 성불하시길 기도드립니다.

2022년 3월 10일
이상준

사례 9

옛날 일을 매듭을 짓는 법을 깨닫고 감정에 휩싸이지 않는다

사업가/남/정석균

내가 현진 스님을 만난 지는 7개월이 지났다. 첫 대면은 좋지 않았다. 다른 사람들의 다른 방법을 인정하지 않고 스님 생각만을 거침없이 말한다는 느낌이 들었다.

알츠하이머를 앓고 있는 내 아내 때문에 이끌리듯 왔는데 지금까지 치유를 위해 노력한 것들을 가볍게 보는 것 같았다. 나도 감정이 올라와 스님을 무시하는 듯한 말로 대꾸했다.

그 와중에 내가 말하는 모습을 보고 스님 동생의 말 더듬는 것을 감정을 와해시켜 고쳤다는 말을 했다. 나는 믿지 않았다. 그러나 내 아내의 심리 치유를 하고 뇌에 좋은 보조제를 먹어보자는 말에 동의하고 3개월만 스님 말대로 치유해보자 마음먹었다.

강의를 듣고 긴가민가한 명상을 하고 나면 거의 매번 4시간이 훌쩍 지난다. 시간 가는 줄도 모르고 나도 모르는 사이 스님의 강의에 빠져들고 있었다.

지난 3년 동안 읽었던 책 내용이 머릿속에서 뒤죽박죽이었고 이해가 되지 않은 채 산발적인 지식의 조각들이었는데 현진 스님의 강의를 들으면서 무언가 정리가 되는 것이 느껴졌고 이내 원리를 터득하게 되었다.

그런데 아쉽게도 아내의 병은 차도가 없었다.

첫 번째인가 두 번째 명상을 끝내고 나서 스님이 눈을 감고 전에 아주 나빴던 기억을 떠올려 보라고 했다. 나는 까맣게 어둡기만 하고 아무것도 보이지 않았다. 별다른 생각도 떠오르지 않았다. 나는 대수롭지 않게 여겼다. 누구나 그러리라 생각하고 그런데 내 아내도 그렇다 한다. 내 아내의 말에는 믿음이 가지는 않았지만, 스님의 강의 중에 기독교에서 말하는 악마의 숫자 6·6·6에 관한 내용이 있었다.

인간의 오감으로 정보가 입력되면 상(想)이 형성되는 과정 중에 개개인의 욕심이 더해지면 이미지라는 감정 덩어리가 생기게 된다고 한다. 악마는 내 마음속에 있는 감정 덩어리라는 것이다. 그래, 이거야!!! 하는 순간 나도 모를 희열을 느꼈다.

나는 최근 몇 년 동안 투자를 잘못하여 큰돈을 날리고 송사를 진행할 수밖에 없는 상황에 이르렀다. 회사는 내리 3년 적자를 냈고, 아내는 조금씩 점점 나빠져 갔다.

힘든 상황을 견뎌야만 했다. 스님에게 조언을 구하고 한 건씩 매듭지어 나갔다.

지난날 안 좋았던 일들을 어떠한 형태로든 매듭을 지어 더 이상, 마음 쓰지 않는다는 것은 매우 중요한 일이다. 그리고 무엇을 떠올려도 그 당시 감정이 와해가 되어 감정에 휩싸이지 않으므로 내가 인지하지 못하는 사이에 스트레스를 예전보다 덜 받는 나를 발견하고는 이건 뭐지? 하고 놀라워하고 감사해하고 있다.

지금까지 술과 담배를 하지 않고 운동은 적당히 하고 평소 무리하지 않으며 살아왔지만, 여러 가지 만성 질환으로 몸이 병원의 종합 병동이 되어 버린 내 모습을 나 스스로가 이해할 수 없었다. 그러다 스님을 만나 공부하면서 내가 왜 그런지 원인을 알게 되었다. 이것 역시 오감에 덧씌워진 감정 덩어리 때문에 생긴 스트레스가 나무의 나이테처럼 내 몸 곳곳에 터를 잡아 새겨놓은 것이 내 병의 원인이었다.

성질머리는 요즘도 그대로이다.
그런데 이상하리만큼 나 스스로 그 화를 잊어버리는 데 시간이 아주 짧아졌다.
전에는 이틀 정도 지나야 화가 가라앉는다면, 지금은 화가 올라오는 순간 내가 화가 올라왔구나 하는 것을 저절로 그냥 알아차리게 되었으며 크게 화가 나더라도 한두 시간이면 금방 새로운 기분으로 지낼 수 있다.
나와 함께 오래 지낸 동료들이 낯설다며 이상해한다.
잘못했다. 미안하다, 고맙다, 라는 말을 하지 않는 편인데 요즘은 웬일인지 나도 모르게 저절로 그냥 나온다.

아내와 함께 자연치유를 위해 모 힐링 센터에서 100일을 보낸 적이 있다.
그곳 원장님이 나에게 장기가 올라붙어 있다는 말을 했다. 그 말이 무슨 뜻인지 몰랐다. 단전 호흡을 해라 복식 호흡을 해라, 라는 말은 수없이 보고 듣고 했지만, 아기였을 때는 자연스럽게 하던 호흡을 왜 다 잊고 억지로 해야 하나 속으로 반문하였다.

그런데 그 이유를 스님을 만나고 나서야 알았다. 평화롭던 내 장기가 생존을 위한 이기적인 욕심과 남보다 우월하고 싶은 욕심들이 만들어낸 감정들이 내 몸의 장기와 근육을 경직되게 하여 장기가 갈비뼈로 올라붙게 되고, 횡경막 위에 얹혀 들숨 날숨을 만들어내는 폐는 숨이 얕아지고 횡경막의 면에 있으면서 횡경막의 도움을 받아야 하는 식도 끝의 괄약근이 느슨해져 위산이 역류되기 쉽고, 횡경막의 아래 있는 소화 장기도 이 힘을 받아야 제대로 일을 할 수 있는데 이 모든 것이 균형 있게 어우러지지 못했다.

모든 것은 이완이 답이었다.
감정을 와해시켜 지난 잡생각에 욕심은 털어내고 정보라는 기억만 남겨 한 발 떨어져 볼 수 있게 되면 경직된 근육이 풀리고 횡경막이 내려가면 복식호흡이 저절로 되고 소화기도 제대로 움직일 수 있게 되는 것이다.
결국, 저절로 숨이 아래로 떨어져야 된다.
나는 아직 그 단계까지는 아니지만, 내가 복식호흡이 저절로 그냥 쉬어지게 된다면 세상이 달리 보일 것 같다.
하지만 숨을 떨어뜨리기 위해 이런 것들을 억지로 애를 써서 하게 된다면 바로 한계가 오고 더 이상 발전하기 불가할 뿐 아니라 오히려 건강을 해치는 부작용이 발생할 것이다 감정을 파동으로 풀어내는 스님의 말씀을 아직은 완벽하게 이해하지 못한다.

하지만 어설픈 엔지니어 생각으로 우주의 거대한 생명의 근원의 고요함은 우리들의 사소한 잡념이나 거친 감정의 파동을 조용하게 잠재워 줄 수 있다는 것을 믿는다.

특히, 현진 스님이 그 중재자 역할을 하는 비범함에 밝은 희망을 얻어 본다.

모두가 감정을 와해하여 감정의 속박으로부터 자유로워지시고 면역력을 강화시켜 건강한 일상의 삶을 사시기를 희망하며 글을 마치고자 합니다.

감사합니다.

2022년 4월 5일
정석균

책을 마무리하며

글을 쓰기 위해 지난 수행 과정을 뒤돌아보게 되었습니다. 감정와해기법 수련을 하게 되면 타인이 말을 하거나 물을 때는 쉽게 대답을 할 수 있지만, 아무런 조건이 없는 상태에서 수행 중 있었던 일들에 대해 기억을 소환하기란 정말 많이 힘들었습니다.

그래도 문장력과 어휘, 그리고 조건이 안 돼 떠올리지 못한 내용은 담지 못하였지만, 그동안 이론적으로 정리하지 못한 감정와해기법을 대략적으로라도 정리를 한 것이 무엇보다도 다행이라고 생각이 듭니다.

어쩌면 필자의 몸 상태가 좋지 못했을 때, 혹여 정신·심리적으로 어려운 사람들과 진리를 탐구하는 구도자들에게 작은 단초가 되어 도움이 되길 바라는 마음도 있습니다. 돌아보니 참 지나간 세월보다 빠른 것이 없구나! 하는 생각이 듭니다.

주화입마(走火入魔)라는 수행 부작용을 겪게 된 지 올해로 21년째가 되어 가는데 아직 육체의 고통은 완전히 없어지지는 않았습니다.

그러나 이 글을 쓰고 있는 이 순간 너무나 행복하고 묘한 편안함을 느낍니다.

앞으로 트라우마, 공황장애, 불안, 우울, 두려움, 분노 등으로 고행하시는 사람들이 이 감정와해기법을 통하여 새로운 정신과 육체가 건강한 삶을 살기를 기원하고 깨달음을 추구하며 구도(求道)를 하는 분들도 실제적인 깨달음의 세계를 나아가는 길이 추상적이 아니라 감정 하나의 문제로 모든 인류의 문제가 야기되었다는 것을 인지하여 감정을 와해하여 추구하는 해탈의 경지를 누구나 도달할 수 있기를 바랍니다.

본문에도 수없이 강조했지만, 현재 인류의 감정체로는 새롭게 다가오는 지구의 환경 변화에 적응하기 부적합하며, 원자력 발전소에 사용하고 남은 핵연료 봉처럼 인류의 우환덩어리가 되고 있습니다.
이 『감정와해기법』을 통하여 모든 정신·심리적 문제는 완전히 사라지기를 희망하여 봅니다.

그리고 추천서를 부탁드렸을 때 선뜻 추천서를 써주신 자비 명상으로 우리나라 불교계와 대중 명상의 한 획을 크게 그으신 마가 큰스님께 감사의 말씀을 올립니다.
또한 서울대학교 의과대학 내과 학교장을 지내시고 현재 한국혈관관리협회 회장님이신 권혁한 박사님께서도 추천서를 부탁드렸는데 바쁘신데도 불구하시고 직접 서울에서 대전까지 내려오셔서 추천서를 주시면서 격려의 말씀을 해주시고 애써주심에 다시 한번 진심으로 감사의 말씀을 드립니다.
가난한 필자를 후원하여 이 책을 낼 수 있도록 도움을 주신 모든 분들에게 건강함과 하시고자 하시는 모든 일이 원하는 대로 이루어지기를 기원드리며 다시 한 번 감사의 말씀을 드립니다. 모두가 스트레스 없이 건강하게 뜻대로 살기를 희망하며 글을 마치도록 하겠습니다.

 감사합니다.

2022년 새해 봉은사에서
현진 씀

책을 발간하는 데 도움을 주신 분들

정석균 박형호 최은영 강혜란 박태순 한세화 김남규 이연자 조 헌 이상준
김남희 이치현 이시영 김영삼 백성흠 김종해 김광식 조석구 심정용 전미자
한동진 박종철 임춘희 백완섭 김지봉 김미례 최영수 회장 김복만 목사
녹야원 지광스님 박창규 감독

* **특별후원**   사)정신건강교육개발원 상 임 이 사 서거현
　　　　　　 사)정신건강교육개발원 총괄본부장 김기훈
　　　　　　 사)정신건강교육개발원 사 무 총 장 전충곤
　　　　　　 사)정신건강교육개발원 이　　　 사 강혜선
　　　　　　 사)정신건강교육개발원 전북지회장 송다금
　　　　　　 사) 정신건강교육개발원 행 정 이 사 이은숙
　　　　　　 사) 정신건강교육개발원 교 육 이 사 조미희